中华百工

Chinese Traditional Crafts

生来恋旧

Born to Yearn for the Past

——中国工艺美术大师吴元新

杨丽凡　著

大象出版社

“中华百工”丛书

国家“十二五”重点图书出版规划项目

主　持

中国科学院自然科学史研究所

主　编

廖育群

副主编

杨丽凡

主　审

华觉明

总　序

廖育群

一

现代工厂制造的许多一次性用过即丢的产品，轻率地消耗自然资源，从而打破了人类与自然的平衡。自然环境的每况愈下使人们更加怀念手工时代的田园生活。传统手工制作技艺在绝大多数情况下与自然环境相处友好，在生产过程中对自然很少有掠夺性破坏。传统手工技艺利用自然而不违背自然规律，从而达到与自然和谐相处的境界，这正是人类应该对待自然的生存智慧和求生态度。

在农耕时代，不同的地域、不同的自然环境，促使人们用不同的求生手段争取生存，决定了民族传统手工技艺的丰富多样性，体现了特定民族或群体的文化精神、思维方式和审美理念。目前，这种民族文化的多样性正被现代工业社会所产生的不稳定的文化观念所消解或代替。一个民族深层文化基因的改变，必然带来民族个性的变异和扭曲以及民族特征的弱化甚至消亡，也必然带来价值观念的混乱。保留文化的多样性才能弥补这种损害和缺失。保护民族传统手工技艺的现实意义也正在此。

“中华百工”丛书的撰写和出版正是基于全社会对于保护传统手工技艺的迫切需要，从国家级传统手工技艺传承人和中国工艺美术大师中选择了几十位技艺精湛，口碑良好，在所从事的包括剪纸、雕刻、版画、刺绣、印染、营造、泥塑等各种行业中深受尊敬的有代表性的人物，以及对某项技艺的研究有特殊贡献的学者，在进行深入采访的基础上，为他们著书立传，让民众具体地了解什么是传统手工技艺，什么是非物质文化遗产传承的独特方式，这些大师和学者们都是些什么样的人以及他们是如何走到今天的。

二

尽管从基本内容上看，“中华百工”可谓是一套择不同行业之能工巧匠，述其巧夺天工之技艺，以业精于勤之事，明成功可望之理的丛书，且就编撰旨意而论，固然有为这个并非显贵之群体中的佼佼者树碑立传的意图，但在更深的层面上讲，则是期望能够在高新科技日新月异并渗透到百姓生活之方方面面的“摩登社会”中，使民众了解传统技艺及其在社会经济、文化艺术等方面的永恒价值；另一方面，还欲借主人公丰富多彩的人生之路，起到励志与启迪的作用。换言之，人物不过是个模特，而其各有特色的师承授受、技艺源流（学习与继承）、技艺特点、成就造诣（创新与发展）等，才是可资来者借鉴——激励奋斗意志、发现进取之路，在不同行业或职业中实现各自人生价值——的要素。而要达到这一目的，主人公便必须是个成功者，如此才有说服力，才值得思考与借鉴。

就“百工”模特的人选而论，通常是首先聚焦在获得国家级“中国工艺美术大师”称号者的范围。因为这些人不仅个个身怀绝技，而且基本涵盖了传统技艺的各个领域。那么，这个范围有多大呢？自1979年由轻工业部评选出第一批“中国工艺美术家”到2007年改由国家发改委主持评选工作，先后五届的入围者不过365名。所以，从这些技艺堪称翘楚的大师级人物中遴选生活阅历丰富多彩者作为模特并不困难；特别是当中国加入联合国教科文组织《保护非物质文化遗产公约》后，国家又在各个行业中确定了为数不多的传承人，所以，各行业的代表性人物似乎就更加明确了。然而从另一方面讲，经过深入社会以及不同行业进行考察，我们发现在这些头顶光环者之外，实际上存在着更多值得关注的对象。因而，本丛书所涉及的对象人物，并不严格限定其身份与资历——只要其技艺水准、人生经历值得我们关注，能够使读者在某些方面获得启迪，便可能成为被选择的对象。

三

传统技艺的保护与传承，以及如何保护与传承，是一个非常复杂的问题。在当今社会，消极的保护、靠国家的经费与政策的支持予以保护固然是一个非常重要的方面，但也存在着“生产性保护”——在市场经济的大环境下，依靠自身的力量获得保护与发展的可能。闻名世界的宜兴紫砂茶具，便是一个非常典型的例子。又如有人对广西壮族自治区某地的传统造纸业和雕刻工艺进行了实地调查，发现仅在过去才有极大实用价值的造纸业已经衰微至极，而后者却因为注重其艺术价值的开发与创新而得到良好的保护与发展。因而，在当今工业化、现代化的社会中，如何因地制宜地对传统技艺进行保护与继承，并有所创新，便是一个非常值得研究与思考的问题了。

总之，我们相信这套丛书的问世，将使民众对于手工技艺的价值有新的认识，并最终有利于传统手工技艺的传承和发展。同时，也希望本丛书能够影响年青一代的择业观、成才观和价值观。

序　言

张　仃

在我小时候，我们东北乡下的被褥都是用蓝印花布做的。抗战之初，我在延安的八年时光，从家乡带去的一块蓝印花布被我当作窑洞墙橱的挂帘，点缀我的窑洞，一直伴我共度艰苦岁月。可以说，我对蓝印花布的喜爱是发自肺腑的，并且与日俱增。直到今天，我家里的窗帘和沙发布都是用蓝印花布做的。在我看来，蓝印花布这种来自于民间的艺术散发着清新之气，自由之气，欣欣向荣之气，它的美质朴自然，超越时代。

南通人杰地灵，文化积淀深厚，南通的蓝印花布印染技艺在历史上一直非常发达，吴元新同志就是成长于这片土地的蓝印花布艺术家。他三十年如一日，从事蓝印花布的收集、整理、研究和设计工作。更重要的是，他在蓝印花布的设计中能够做到推陈出新，使这门古老的传统手工艺，焕发出健康的青春活力，并将其融入现代生活。

吴元新埋头钻研数十载，成绩卓著。他开发设计的新的纹样、衣、帽、窗帘、小挂件、玩具、扇子等作品，时尚，富现代气息。自主创新，与时俱进，符合当代审美趣味。受到人们喜爱，从而拓宽了销路。

在市场上、在人们身上、在居室、在公共场所都能看到吴元新的蓝印花布艺术作品。

学习研究领域，他也有不少作为。不仅有数种出版物，还被一些高等艺术院校聘请讲学。他的授课受到师生欢迎，通过课堂及实践操作，为社会培养人才，为挖掘、保存、发展我国这门古老的非物质文化遗产做出了重要贡献。

经艰难创业，于十几年前，他创办了南通市蓝印花布艺术馆。从纺纱、织布、印染到各类成品，全程手工工艺。既是作坊，也是博物馆，吸引着人们前往参观了解，成为南通地方一大景观，为弘扬蓝印花布艺术立下汗马功劳。他经过多年的辛勤劳动，编著了《中国蓝印花布纹样大全》，收集了自古以来千余种蓝印花布图案和纹样，对于人们学习和了解蓝印花布知识，对于蓝印花布艺术的研究、工艺的开发和制作，很有参考价值。

为吴元新这样为中国传统手工艺的传承默默奉献的人们著书立传，可让世人了解他们的贡献，并让年轻的一代知道保护中国优秀传统文化的重要性。衷心希望我国的民间艺术能够发扬光大！

目 录

前　言

一位美丽的姑娘到了出嫁的年龄，有两个青年上门求婚，其中青年甲收入丰厚，相貌端正。他介绍自已：“不吸烟、不喝酒，无任何不良嗜好。每日早睡早起，生活规律。”

另一个青年乙爽朗诙谐，为人亲切，只是相貌一般，收入中等。他这样介绍自已：“喝一点儿酒，也抽一点儿烟，喜欢跟人聊天，偶尔也会熬夜。”

到底挑选哪个好呢，女儿问父亲。阅历丰富的父亲建议女儿选青年乙。漫长的人生，如果跟一个没有一点个人爱好的人相伴，生活必将乏味无趣。

蓝印花布就是吴元新最大的爱好。

当代颇有争议、富有辩才的严介和这样评判商人：一流商人是精明+厚道，二流商人是精明+精明，三流商人是厚道+厚道。其实，推而广之，这个评判标准，放在哪个行业都成立。吴元新就是一个厚道而聪明的人。

即便是跟吴元新没有深交的人，也能说出对他这样的评价：热情、诚恳、谦虚。他为人诚恳实在，却不木讷。其谈吐风趣幽默。吴元新是一个热忱、执著的人，热忱与执著对于干事业的人而言，正是金子一般宝贵的特质。不仅如此，他还有与生俱来的上进心，做一件事情，就想做到极致。吴元新才华横溢，却并没有一般某方面天分出众的人的怪异和不通人情。事实上，稍稍接触，就不难发现吴元新是个世情练达、礼数周到的人。

在这个世界上，如果一个人具备天赋、狂热的爱好和强烈的责任心，想要不成功都难。30年来，吴元新致力于蓝印花布的收藏、设计、创新、宣传，建立了颇具规模的蓝印花布收藏私人艺术馆。能取得今天的成绩，熟悉他的人并不觉得意外。

也正是吴元新做事的干劲、热情和执著，让张仃、冯骥才、韩美林等艺术大家真心实意地为吴元新喝彩！李绵璐赞叹之外，更说我们都应该感谢吴元新为世人收藏、保留了蓝印花布这样高雅的艺术。

倒是吴元新本人，应邀去清华大学美术学院、中央美术学院等这样的高等学府授课时，甚感惶恐。其实那不过是因了他自己谦虚的天性。凡是听过他讲课的人，都会对他丰富的讲课内容及真才实学留下深刻的印象。

他很善于学习，并能在不经意间举一反三。他听到一个新词，在下一时刻，就能在谈话中恰当运用，不着痕迹。所以当看到他借鉴和吸收其他民间传统工艺如剪纸、刺绣、织锦等纹样特点并将其轻松自如地运用在蓝印花布的设计当中时，你就不会感到奇怪了。

他是一个志向高远、坚忍不拔的男人。但从他那里，你听不到一句豪言壮语。你看到的他是一个长年累月默默地克服了一个又一个的困难，解决了大大小小的问题，一步一步往目标接近的人。

夏天，每次见他穿的都是大体上差不多的深蓝色T恤衫，但细看，每件T恤衫都很有设计感，都有些独特的细节。他看似素朴，其实是蛮精致的人。

他很有分寸，行事说话谨慎周全。看人看事都非常正面，这使得他的人生虽有波折，但其内心始终保持着纯净和安然。这种心态对于长期坚持推进一桩事业尤为重要。

想要了解吴元新，最好的方法是去他的艺术馆、明清染坊和阅读他的《中国蓝印花布纹样大全》。他的艺术馆坐落在南通市中心4A级濠河风景区，近千幅从古至今的蓝印花布展品中包含着吴元新30年来的劳动成果，而《中国蓝印花布纹样大全》中展示的每一幅藏品，吴元新都有一段恰如其分的说明文字。其文字干净、简练，却又热烈而文彩斐然，正好体现了他自己的内心世界，表达的是他对于生活的热爱和追求，反映的是他自己的生活态度。而正是一个人的生活态度，决定了这个人所最终能达到的生命的高度！

如果你能欣赏蓝印花布，你就会欣赏吴元新。他就像一件蓝印花布藏品中的珍品，自然、美好、祥和、大气、耐人寻味。

第一章

城里的乡下人

现世安稳，花好月圆

小媳妇头戴梅花图案的头巾下地干活，地头田埂休息时，顺便摘一捧枣，或掘两把花生，摘下头巾包了，带回家给孩子。回到家，看见牙牙学语的小儿穿着“二龙戏珠”的兜肚在地上爬来爬去。塞一颗大红枣给他，自己洗手烧饭。小儿用新长出的两颗门牙咬枣，咬得口水直流。灶下煮饭的母亲回头看见了，撩起撒满折枝牡丹的蓝印花布围腰，笑着给孩子擦嘴。这是一个自给自足的小康人家，床上挂着麒麟送子纹样的蓝印花布帐檐，而被面是和合二仙图案。这些都是昔日女子嫁过来时爹娘给的陪嫁。嫁妆上的图案都是由爹娘精挑细选，无一不包含希望女儿生活幸福美满的祝福。女儿也深领爹娘的心意，嫁过来之后服侍公婆，勤俭持家，赢得了婆家老老少少一家人的敬重。

今天，我们能描绘上面的情景，多亏了一位叫吴元新的南通启东人。30年来，他不遗余力地收藏、整理、宣传、设计蓝印花布，建立了蓝印花布艺术馆，收藏了大量蓝印花布日常用品和装饰品，将百年前国人的生活画卷展现于我们面前。

随手翻开吴元新编著的《中国蓝印花布纹样大全》，正好翻到纹样No.3245，不禁莞尔。一只大青蛙挥舞着两只蛙腿得意洋洋地呱呱叫着，另一只小青蛙脚蹬荷叶，正要跃起。还有一只青蛙就坐在荷叶上伸头看热闹，更有一只兀自在浮萍荷叶间游荡。其造型之生动活泼，画面之喜庆和乐，令人忘记尘世间的纷扰和困苦，一时间，但觉天地悠悠，岁月无尽。

在我国古代，漏浆防染印花历史悠久。早在北朝时期就出现了用镂空

身着蓝印花布服装的模特参加第九届CCTV模特电视大赛总决赛

花版和防染剂制作的蓝底白花布，称蜡缬。后来又出现了绞缬和夹缬。因夹缬工艺复杂，刻版不仅费时费工，且刻好的木版还易变形。南宋时由民间艺人将木版印制技艺改为纸版漏浆防染，便有了今日的蓝印花布。蓝印花布也称药斑布或浇花布。民间蓝印花布具有浓厚的乡土气息，几百年来，蓝印花布以耐磨耐脏及透气吸汗的特性深为农家所喜爱。一般用于服装、头巾、被面、兜肚、包袱、门帘等，也可用于装饰。明清以来，我国江苏、湖南、湖北、河南、河北、山西、四川、陕西、山东、东北三省等地都盛产蓝印花布。

南通蓝印花布起源于明代，因其耐磨、色牢、经济实用，深得百姓喜好。几百年来，在南通农村，随处可闻机杼声，随时可见家织布；蓝印作坊遍布乡镇，星罗棋布，如石庄、二甲、石港、三阳、汇龙等地的蓝印作坊都相当有影响。但是随着现代印染工业的兴起，生产体制的变革，代代相传的蓝印行业逐渐开始走向萎缩、凋零，蓝印艺人也纷纷别枝离去，另觅生计，传统蓝印业出现了后继无人的局面。为了拯救和保护蓝印技艺，吴元新默默干了30年，并且倾其所有，于1996年创建了中国第一个私人蓝印花布艺术馆，恢复了明清染坊，开设了研

南通旧城狭巷

南通旧城一角

南通的民居

环绕南通的美丽濠河

南通即将被拆迁的旧民房

南通市中心街景

南通棉农在摘收棉花

究制作中心、展示销售中心。他还编著了《中国蓝印花布纹样大全》，收集和整理了他30年来收藏和创作的蓝印花布纹样精品，为织染艺人和专家研究蓝印花布提供了丰富的资料。

蓝印花布的图案由手工镂刻于纸版上，刻成后如剪纸，具有浓郁的地方特色。镂空的花版上，再刷桐油。将花版放在布上，然后将用防染浆加水调成的糊刷在上面，待灰浆晾干后，投入缸内染色，染好后刮去浅浮灰浆，原先被灰浆覆盖的地方露出布的本色。灰浆块面大的地方，灰层在染色的过程中自然裂开，蓝靛随着缝隙渗透到坯布上，留下了人工无法描绘的自然冰纹。

蓝印花布的纹样，因受到工艺的制约，所刻的花型都要受到断刀的影响。民间艺人既要考虑花版结实耐用，又要顾及所刻花纹的形象特征。正是这一局限性，使得蓝印花布纹样以点、线为主，有时用纯点构成纹样，使花纹反映自然，又不受自然束缚，形成了独特的美感。

蓝印花布，素朴而不简陋，厚朴而雅致，散发着生命力极强的欣欣向荣之气。其图案纹样表达了劳动人民对幸福生活的向往和追求，风格健康、朴实，寓意吉祥、美好，没有丝毫哀怨、悲观的情绪。表达了虽处在社会底层，但对生活仍然充满了希望的人民大众的理想：夫妻和谐、多子多福、状元及第、平安富贵。

可以说，在某种层面上，蓝印花布反映了中华民族的心理特征：喜悦、平和、活泼、健康。而正是这种民族性格，才使得中华民族生生不息，繁衍昌盛!

初见吴元新

到达北京理工大学北门口时，吴元新和女儿已经站在雪地里等了一会儿了。路灯下看过去，两人都穿着鼓鼓的棉衣。下了车，吴元新提议进校门口的西餐馆。

迈上台阶，站在西餐馆前明亮的灯光下，才看清楚女儿长着稚气、白净的圆脸庞，肤色很白，纯真温柔的笑容，梳短发。爸爸也是圆脸，头发中分，从两边披到下颌处，很多艺术家都留这种发型。他笑容温暖，脸有倦色。看上去不是一时的疲倦，而是长期操心劳累形成的那种。

西餐馆的旋转门有些古怪，稍转一下，就停下来，吴元新心急地推了一把，引起门里侧正要跨进旋转门出来的一个高个女孩的不满，大声说："这门是自动的，不用推。"吴元新只是笑了一下，有些尴尬。门旋即又停下来，这次没人推，几秒钟后，它自己又转起来，我们总算踏进了餐馆。

这是一间茶座式的西餐馆，有火车厢式的软皮座位，可以喝咖啡，吃简餐。女儿拿着菜单，似乎缺乏点餐的经验，不知道该怎么选。吴元新的眼睛一直慈爱地望着女儿，流露出疼爱女儿的爸爸热切地希望外地求学的女儿吃好点的心情。最后，轻声地建议："鸡肉饭好吗？你不是最爱吃鸡吗？"他自己点得很快，只扫了一眼菜单说"海鲜汤饭吧。"到底是南通人啊，长在海边的。

餐上齐了，吴元新说着话，对食物视而不见。他说话的时候，身子前倾，语速很快，而且语句完整，用词非常准确。服务员送来一壶生姜茶，淡黄的玻璃壶放在一个不锈钢炉架上，炉架下面点着蜡烛。蜡烛跳动的火苗温着茶水，同时也让谈话气氛温馨宜人。考虑到今晚见面的目的就是边吃边谈，的确应该选择安静的西餐馆。

他谈着筹建蓝印花布艺术馆过程中经历的挫折和焦虑，左手按在胸口上，右手摊开，很特别的动作，有些像维吾尔族人见面问好的姿势，真挚而优雅。谈到高兴的事时，他笑起来。笑的时候，眉头却是皱着的。

吴元新的饭早就凉了，我请服务员给加热一下，服务员很快拿来酒精炉，不一会儿，锅里的汤饭咕嘟出小气泡，在女儿的催促下，吴元新只是匆匆地扒了两口饭，就继续谈他的蓝印花布。

这顿饭，他肯定没有吃饱。

城里的乡下人

吴元新祖上是太平军北上时为躲避战乱从苏州市搬到吴县的。吴元新的高祖父吴忠熙既精明又勤劳。生于小商兼小农型的家庭，全家农闲时经商。一家人除了种棉花，还从事纺纱、织布、印染，染好的布再做成被面、围腰，除自家留用外，剩下的卖掉，以补贴家用。由于质量好，乡里村头的姑娘和媳妇都喜欢吴家的染织布品。

据史料记载，南通曾有五次大规模的人口迁移。唐朝中期，南通始辟为盐场，因是流人发配之处，故人烟稀少。唐末至五代，黄巢起兵，藩镇割据，烽烟四起，南通地僻海角，为避战乱，有难民相继栖居，成为这块处女地最早的开发者。到958年，周世宗筑城垣，建通州，第二批移民接踵而来，他们圈地砌灶，煮盐之地，皆以姓氏冠之，如秦灶、姜灶等。北宋以后，通州几无战事，社会安宁，大批移民源源而至，通州人口已初具规模。到南宋末年，通州遭元兵劫掠，城毁人亡。明初，明太祖招抚天下，移民垦荒，第四批移民纷至沓来。南通濒江临海，风调雨顺，由于沙洲成陆，土质疏松，尤宜植棉，其地出产的棉花产量高、絮朵大，是上品纺织原料。南通人垦荒植棉，纺纱织布，当时的通州可谓是步步机杼声，户户织布人。优越的自然环境给南通的经济发展创造了条件，稳定的生活环境自然影响了南通的民风：淳朴内敛，不事张扬，保守自闭，奉行“知足常乐”。这里很少游民，没有妓院；人们衣着朴素，不赌博，少诉讼；妇女不参加宴会。到明代中叶，南通的土布业已发展到一定的规模，开始销往全国各地及东南亚，是当地主要物产之一。此时，通州屡遭倭患，城池几度兴衰，人丁几次增减。时至倭夷驱除，百姓才得以安居乐业。清末，通州盐、渔、米、棉、纱、布六大旺业，吸引了八方来客，一时南通人烟稠密。

吴元新的高祖父吴忠熙就是随南通历史上第五次人口大迁徙带着全家

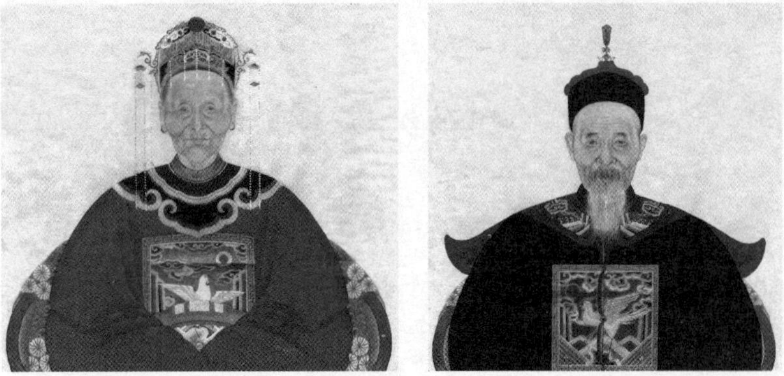

吴元新的曾祖父吴文锦（1859—1946）（右）
吴元新的曾祖母顾氏妗凤（1859—1940）（左）

在清末从江南吴县（现苏州湘城区）来到南通。他听说在江南买一亩地的钱，能买江北十亩荒滩。荒地一般要经过三年时间的开发，才能变成熟地种植，在有的年份，海水倒灌，土地颗粒无收。精明的吴忠熙思虑再三，终于抵挡不住土地的诱惑，下决心离开故土，带领全家迁徙至崇明的扬家沙（今启东市汇龙镇），从此一家老小在江北定居了。

当时南通地区绝大部分的农村家庭，用自纺自织的白布制成蓝印花布，民间出现了众多的印染作坊。另外还有些人担着蓝印花布担走乡串村，担子的一头装的是黄豆粉、石灰，另一头是刮印工具和油纸花版，这些花担匠靠提供花版纹样、刮浆印花赚钱度日，花版多数是花担匠自己刻制的。为了能多招揽些生意，花担匠的蓝印花布纹样不断推陈出新，在题材、图形、刀法等方面都有了很大的发展。

吴家在这里开荒种地、买田置屋、生息繁衍。辛辛苦苦靠种田、织染、做买卖赚的钱，按照农民朴素的想法，又换成了土地，农民只有看着土地，心里才踏实。一百多年很快过去了，到了吴元新父亲这一辈，吴家居住的地方已经演变成了一个小集镇。

虽然吴家住在小镇上，但因为他家有地，解放后政府就把吴家算做了农村户口。于是，吴元新一家就成了住在城里的乡下人。

按国家政策，农民是不发粮票和布票的，只有城里人国家才发给粮票和布票。虽然吴家住在祖上留下来的大瓦房里，城里的邻居大多住在芦编瓦房里，但吴家的身份却是农民。城里人用粮票从粮店买大米，吃的是大米饭，但吴家大多数时候只能吃粗粮。所谓的粗粮，就是指玉米和大麦。

在20世纪60年代，到处都在割资本主义尾巴，农民在市场上交换农产品是违法行为。镇子东郊有一座桥，民间俗称“黑市桥”，有人称它为“黑夜里的市场”，也有人因为价格比公家高，称它为“黑市”，每当天未亮时，有人在桥上偷偷摸摸地交换物品。母亲有时候匆匆地赶到这里，用自己织的土布和粗粮换些大米、食油回家。天快亮时，桥头上的人都四散而去，晨曦中你很难相信这个空落落的桥头上刚才还聚集着交易的人群。后来这座桥就成了全县不公开的农贸交易市场。有几次，母亲从这里换回的油，天亮后才发现里面掺了大量的水。

有时候蒸饭时，母亲就将换来的大米取一点点埋在锅底里，上面再放上粗糙的玉米粉。饭蒸熟了，给婆婆和小元新盛上一点点锅底的白米饭，她自己就和丈夫、女儿吃玉米饭。每当此时，小元新都会看见姐姐羡慕的眼光一直瞅着他的白米饭，虽然年幼不太懂事，但元新心里头也知道难为情，因此对此情景一直记忆犹新。

由于没有布票，吴元新母亲下地干活之余，没完没了地纺纱织布，以解决一家人铺的、盖的和穿的。过几年女儿就要出嫁了，母亲还要把她的陪嫁品也织出来。吃过晚饭收拾完，母亲就开始织啊织，吴元新去睡觉时，母亲还在织，早晨醒来时，母亲又趁着出工前的那点空当织上了。吴元新的童年，“吱呜吱呜”、“咔嚓咔嚓”的纺织声一直不绝于耳。困倦的人，有时候觉得这织布的声音可真烦人啊。邻居们体谅吴家没有布票，只能自己织布，倒也没人抗议这些“吱吱呀呀”的织机声。

小伙伴们穿的都是用买来的布做的衣服，乡下人称作“洋布”。而吴元新从头到脚的穿戴全都是用妈妈织的土布做成的。跟别人家的孩子比，显得很土气。吴元新去邻家玩，看到邻居家端的饭碗里是雪白的大米饭。

也许大人们都没有意识到与邻家孩子的这些差别给吴元新小小的心灵带来了一份自卑，老觉得自己家跟别人不一样。就是这种身份危机，使得日后的吴元新非常看重认同感，对于困难时凡是扶持过自己的人永远怀着最深切的感激之情。

每当父亲要染布、织布上机时，他家就把姑妈、姨妈、表姐一起请来帮忙。姨妈把纺好的纱团摇成绞纱，父亲把大铁锅当成染缸，姑妈烧火加温，父亲浆纱染色，干重体力活，母亲和表姐穿棕、配色、上机。此时，家里就变成了热闹的染织作坊。

后晌，母亲在灶间煮馄饨或芝麻汤圆款待帮忙的亲戚们。吴家的家境虽不算宽裕，但人来客去，母亲竟也能料理得妥帖周全。每逢此时，小元新跑来跑去，家里一派喜气洋洋。有道是，寻常人家屋檐上也有喜鹊叫，普通老百姓早起夜做，惜物谨事，体验的是人世的另一派繁华喜乐。

表 姐

元新的舅舅非常能干，凡是农活没有他不会的。手尤其巧，很会编织。很多人家盖房子时椽子上面铺的芦苇席都是央求舅舅给编的。他有3个孩子，其中2个是女儿。

吴家三代单传，吴元新父母结婚时年纪很轻，母亲也就19岁。按当地风俗，元新的母亲出嫁之前，她的母亲让她吃了一碗糖水鸡蛋，祝福女儿婚后甜蜜，像母鸡产蛋那样多生多育。嫁妆中分别投放了红枣、桂圆及染红颜色的红花生，期望女儿出嫁后“早生贵子”、“长命百岁”。

虽然出嫁时严格遵照这些习俗行事，但结婚一两年了，元新的母亲却

管亚琴表姐在经布

管亚琴表姐在穿棕

一直没有怀孕，全家人很着急。商议之下，决定从元新的舅舅家抱养一个女儿过来，俗称“压胎”。压胎生子风俗在当地民间很流行。

母亲因为明理开朗，跟城里的邻居一向处得很好，邻居间有事都乐意帮个忙。乡下人家家都会织布，所以不稀罕土布，只有洋布做的衣物，才显得贵重稀奇。为了去接外甥女，母亲就跟邻居换了几尺布票，从百货商店扯了洋布，缝了一身小裤褂，作为接外甥女来自家的见面礼。

说来也奇怪，表姐来吴家不到两年，元新母亲果然就怀孕生下一个女儿，7年后，又生了元新。

当初因为看吴家急着要孩子，舅舅就说服善良的舅妈将大女儿给了吴家。舅妈虽然同意了，但毕竟很牵挂，经常偷偷跑过来从远处望一眼女儿。虽说论生活条件，吴家比自家强些。待吴家生了女儿后，舅妈更不放心了：吴家有了自己的孩子，还会对她的女儿好吗？但毕竟女儿已经给了吴家，舅妈不好意思开口将女儿再要回去，怕亲戚间产生误会。元新的母亲察觉了嫂子的心思，将心比心，很理解嫂子。为了不让自家亲戚为难，自己就跟哥哥和嫂子直接提出来：“我们虽然有了自己的孩子，还是会一如既往地好好对待外甥女，如果你们实在放心不下，接回去也可以。”于是舅妈就将女儿领回了自己家。

由于吴家养育了这个表姐两年，表姐跟吴家的感情一直特别亲，吴家一有事，她第一个过来帮忙。

表姐心灵手巧，这一点很像她父亲。她的嫁妆全是自己纺织的，送嫁妆时，她绣的鞋垫和织的被里及床单花样都非常新颖，方圆几十里的人谁也织不出这样复杂精巧的花色来，在前来看嫁妆的人中引起了轰动，婆家自是喜欢。

嫁妆都送了，表姐马上要出嫁了吧？小元新心下这样猜度。这天，母亲带了元新去舅舅家，小元新问都没问，一心认为是去送表姐出嫁的。一进舅舅家门，看到表姐小元新就很奇怪：为啥表姐的辫子还是寻常样子？穿的衣服也是家常旧衣？元新见过村里的姑娘出嫁日等待迎亲时，就会有别的妇女帮忙将辫子打得油光水滑，换上喜庆的红衣，羞答答地坐等迎亲的队伍上门来接。

快到午饭了，表姐还在手脚利落地忙活家务，并没有要穿衣打扮做好准备的意思。元新心里焦急，实在忍不住了，上前拉住表姐，期期艾艾地说：“你不是今天结婚吗？为什么还不快让人给你梳头？”

全家人哈哈大笑：一个小男孩，还操这份心！原来，今天只是一位已故祖辈的忌日，母亲带元新过来祭拜，并不是表姐结婚的日子！

表姐出嫁了，据说表姐夫很能干。

表姐聪明利落，对农村婚丧嫁娶的各种繁复的礼仪很熟悉，在村子里是不可或缺的大能人。哭丧时她唱的灵歌哀怨动人，听者无不感怀泣下。每每谁家有丧事，都会请表姐到场。经她一哭，场面格外庄严哀痛；经她一唱，死者平生的事迹也格外感人至深。参加丧礼的人们因此感觉丧事办得很像样，死者的亲属们也觉得面上有光。

跟大多数两个能干的人组成的婚姻一样，要强的丈夫在特别能干的妻子身边感觉不甚自在，会起念头要一个百依百顺、小鸟依人的女人来全身心地依赖自己。这是人世间莫名其妙的事情之一。人到中年的表姐夫有过一次外遇，好在最终无疾而终。表姐夫还是回到了能干、泼辣的表姐身边。

吴元新在筹建蓝印花布艺术馆时，从收集藏品到纺纱、经布、整理传统木制织布机，表姐都是个了不起的帮手。

吴家的瓦房

元新的祖母48岁才生了元新的父亲，在元新父亲14岁时，日本人将元新祖父拉去干活，因祖父不愿意，被日本人关起来，还打了几顿。祖父被抬回家后大病一场，不久就撒手人寰，死在自家草棚里。

此前，因担忧日本人到来后会烧杀抢掠，祖父将自家几间大瓦房拆了，把木梁和椽子等木料运到几公里外偏僻些的弟弟家留存起来，然后搭了几间草棚，全家人暂时作为安身之所。

祖父精明强干，全家就靠他主事，他这一走，留下吴家孤儿寡母，生计变得非常艰难。幸好父亲的大姐夫宋丕高很能干，日本人走后，他出面将留存在祖父弟弟家的木料瓦片运来，重新替吴家盖起了大瓦房。

元新的母亲十五六岁时，经人介绍，与元新父亲定了亲。土改时，吴家一算，按照土改划分成分的政策，自家名下的土地够得上富农标准了，亲戚们出主意，让元新母亲赶在工作组划分成分前嫁过来，这样按人头一摊，吴家便是上中农，虽然与富农就差一个等级，但却有质的差别，可以归入贫下中农的行列。于是两家商议后，让两个孩子匆匆成了亲。这年母亲19岁，父亲18岁。

元新的母亲在娘家时7岁学纺纱，9岁学织布，为人大气，很有主意。由于此时婆婆眼睛已经看不太清了，她一进吴家门，就从婆婆手里接过纺纱织布、洗衣做饭的担子，同时，还跟丈夫一道种地卖菜。在她的操持

吴元新的祖父吴选荣（1877—1942）（右）
吴元新的祖母杨国珍（1882—1969）（左）

下，渐渐地，吴家有了生气。

婆婆生性随和，通情达理，虽然眼睛看不清了，但从不怨天尤人。平日里尽量帮着儿子媳妇干些力所能及的活儿，家里家外，都放手让儿媳当家做主。父亲有一身好力气，沉默寡言，脾气极好，非常体贴母亲。一家人勤劳和睦，生了女儿后又过7年，生了儿子元新。家里更热闹了，近80岁的祖母乐得合不拢嘴，为了元新健康、快乐、平安地长大，按当地风俗，给元新取了乳名叫元狗，小元狗的出生给吴家带来了欢乐。

外婆的小脚

除夕的晚上，全家团聚，吃过年夜饭，一家人围坐谈天，共享天伦之乐，吉庆祥和。“儿童强不眠，相守夜喧哗”，元新最高兴的莫过于拿到长辈们用纸包着的一份压岁钱。子夜时分，母亲已将次日的米粉小圆子搓好，父亲燃放鞭炮，鞭炮声中，迎来新春新岁，迎来希望和憧憬。

父亲会扎兔儿灯，每年元宵节，父亲用篾丝编织好骨架再教元新把纸

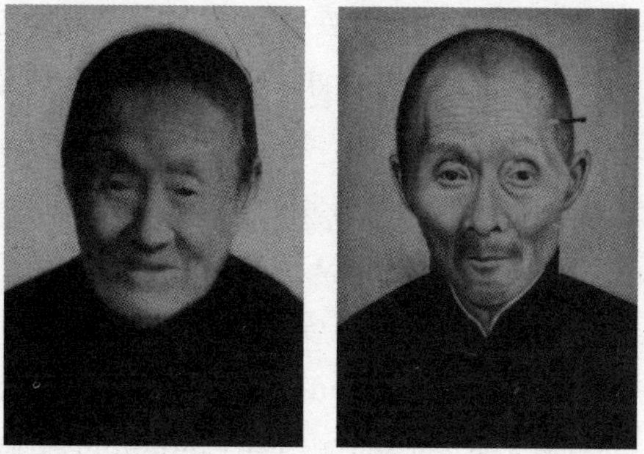

吴元新的外祖父管云加（1897—1971）（右）
吴元新的外祖母周川都（1897—1980）（左）

剪成兔儿灯的外衣，一层层糊好后点上蜡烛。元宵节晚上，满街的兔儿灯游走在大街小巷。童年的这个记忆是那样美丽而鲜明，一直深深地留在吴元新的脑海中。

每年正月初，元新一家都要到外婆家去住几日。这时节，春风和煦，麦田泛青。父亲给元新扎风筝，有时候，应邻居的央求，也给邻里的孩子们扎，然后带着孩子们到田野里放风筝，孩子们好开心啊。小元新放完风筝回到外婆家，还有外婆蒸熟的糯米面捏的小狗、小兔，头上点着红点等着他。疯玩之后饿着肚子回家吃的点心的好滋味一生都难忘啊。

按风俗，到了正月十三，外婆也要到女儿家住几日。外婆那代人兴裹脚，外婆的“三寸金莲”真小，方圆几十里再也找不到比她的脚更小巧的了。外婆就用这双小脚走上大半天，走过十几里地，来到闺女家。元新问外婆小时候裹脚疼不疼，外婆认真地说：“怎么不疼？热天热疼，冷天冷疼。”在外婆做姑娘的年代，说婆家相亲时，先看姑娘的脚够不够小。一个要强的女子，再疼也要坚持把脚裹小了，长大才能嫁个好婆家。看来元新母亲好强的性子是从外婆这里遗传来的。外婆一直活到83岁去世。

同样是那个时代的女子，元新的祖母就是天足。起初，家里也给她裹上了，还不到一个冬天，疼得受不了，祖母强烈要求给她解掉裹脚布，哪怕长大后大脚看着丑，嫁不到好婆家，她也不要裹脚了。其万事不强求，随遇而安的性子也可从这件事上看得出来。元新的父亲是随了祖母的这个性格。

南方的冬天太冷了，每当夜晚，母亲照例开始织布，而父亲早早上床，为两个孩子暖被窝。这时候小元新总是跨坐在父亲的胸前，父亲画条鱼啊、龙的哄元新玩，在小元新眼中，父亲是个画家，什么都会画。早晨，元新都是在母亲单调、悦耳的织布声中睁开眼睛。

下雨天，没法出工。母亲照旧纺纱织布，父亲在家里修理农具，整理家什。小元新跟在父亲身后，不停地问东问西，父亲耐心地回答他千奇百怪的问题。但觉一家人其乐融融，岁月悠长，安定稳实。元新长大之后，最是怀念那些时光。

因为是独子，元新很受宠。有时候大人也会给他几毛钱买零嘴吃。用几分钱就可以买一小碗豆腐脑儿。豆腐脑儿是用豆浆和石膏凝固而做成的，嫩得碰不得，由于佐料多，汤鲜，一匙一匙吃起来，味道极佳。卖豆腐脑儿的人技术熟练，一手挟着两个小饭碗，一手先舀几勺豆腐脑儿，再从10多只茶杯里，将白水鸡肉、虾米、榨菜、茶干、大头菜、大蒜等末子，迅速地一一挑点到碗里，然后倒些酱油、麻油、味精，再从放着肉骨头的汤罐里将汤舀到碗里，这时一碗白红绿、色香味俱全的豆腐脑儿就做成了。

元新家对面是大众戏院，是当时启东最大的民间娱乐场所。那里经常上演京剧、锡剧、越剧、海门山歌剧、杂技、木偶戏等，来自各地的剧团一个接一个，日场演完又接夜场。由于是近邻，戏院看门、查票的都是熟人，元新成了戏院的小常客。同一出戏看好几遍，连台词都会背上几段。除了看戏，小元新还经常出没于戏院的后台，看美工师傅画布景、海报。美工师傅闲暇高兴时也教元新画上几笔。当时，元新最大的梦想就是长大后画大布景。

那时候，生活真是圆满幸福。

第二章

小孩子爱糖

油纸伞

在元新4岁时，发生了一件日后对吴家影响深远的事情：由于元新的父亲识些字，那时，生产队里识字的人很少，就让他当了队里会计。“四清”时，有队干部指示他改账，他本来就是个老实听话的人，于是就按照队干部的指示改了账。“四清”工作组审计时查出来了，队干部一口咬定是会计自己做了假账，可叹吴元新父亲有口难辩，替队干部背了黑锅。这个老实巴交的人有冤无处诉，羞愤难平，从此闷闷不乐，吃饭不香，夜来难眠，时间一长，竟支撑不住，患了大病。

农民家哪有闲钱做盘缠出门求医？元新母亲昼夜愁叹，一筹莫展。百般寻思之下，只得将家中的一间瓦房拆了卖掉木材瓦片，带丈夫去上海看病，经医生诊断，父亲得的是精神方面的疾病，需要住院治疗。

此后的10年间，父亲的病时好时坏，母亲带着父亲去南通、上海不停地看病，母亲至今都清楚地记得父亲第一次治病在医院总共住了103天。那些年里，父亲前后住过8次医院。本来父亲在生产队劳动时一天能挣12工分，母亲能挣9工分，自从父亲生病后，父亲很多时候都无法给家里挣工分，母亲要陪父亲外出看病，也经常出不了工。吴家本来住着大瓦房，加之家中孩子少，夫妻两个又都勤劳能干，因此日子比队上的大多数人都过得要宽裕些。不料父亲生病后，几年下来，吴家的生活就变得很窘迫了。此时，祖母已经80多岁，双目几近失明。每当母亲带父亲出门看病时，元新和姐姐就由祖母照顾。元新的小姑妈住在附近，也经常过来帮忙照看。

小元新当时还是个懵懂孩子，对于生活中的变故、艰辛无知无觉，而比他大7岁的姐姐，虽然有祖母可以依靠，毕竟祖母的眼睛看不见了，生活中有太多的事情要靠她幼嫩的肩膀承担，住在他们家前的小姑妈吴静兰和表姐一家也时常来帮忙照顾。

这一天夜里，母亲和父亲从外地看病回家，一路上，雨下个不停。看着大病初愈的丈夫淋雨，母亲很担心丈夫的身体会吃不消，但兜里的钱已经所剩无几，最后咬咬牙，还是花钱买了一把油纸伞为丈夫挡雨。

父母回到家里，姐姐看见了，一下子扑在母亲怀里哭了。母亲忍着辛酸，安慰着女儿，强笑道："不要光顾哭了，爸妈还饿着肚子呢，回来没带什么好吃的，你去买几个馒头吧。"姐姐哭了一场，心里轻松了许多，母亲回家了，小小的心里又有了依靠，于是欢天喜地地打着新雨伞出门买馒头。买完馒头，想着家中等待的双亲，就匆匆往回赶。

姐姐进了家门，母亲只看了一眼，就问道："伞呢？"女儿赶紧跑回去找，可店主非说没看见过伞。刚买的新伞丢了，女儿又愧又惧，回家后忍不住号啕大哭。时运不济啊，坚强的母亲也哭了。

有一次，父母又出远门去看病了。小元新跟一帮小伙伴用树枝挑着一条水蛇甩着玩，不留神，水蛇被元新甩到井里去了。有气愤的邻居便说些难听的话责骂他。母亲从外地带父亲看病归来，又有多事的人将这些难听的话转述给母亲听。母亲听了心里很难过，她觉得自己照顾保护不了年幼的孩子，让孩子受了委屈，因此很是自责。

一个不识字的农村妇女，婆婆眼睛看不见了，丈夫又长年生病，一双儿女还未成年，卖掉一间房子，硬着心肠丢下儿女，带着丈夫在无亲无故的大城市里东奔西波，求医问药，其艰辛困苦可想而知。

母亲日后回忆起这些年的岁月，只觉苦不堪言。也许苦日子这辈子都不会有个头了，母亲自己私底下时常这样悲观地想。生活的压力太大了，母亲有时候也会跟渐已长大的儿女慨叹烦难。听着母亲絮絮叨叨的话语，看着母亲愁苦的面容，元新的心里从小就埋下了一个愿望：自己长大后，要尽力帮助妈妈。

元新14岁时，母亲感觉胃不太舒服。医生一摸，似乎有肿块。在还没有确诊是不是恶性肿瘤的那段日子里，母亲很紧张，虽然白日里照旧劳作，但只要白天看见送葬的车子从门前走过，夜晚做梦就会梦见自己追着灵车跑。

这梦究竟是什么意思呢？不祥的念头时时浮上母亲的心头。

胃镜检查结果出来了，是良性肿瘤。母亲悬着的心这才放下来。这个家全靠她撑着呢，没有她可怎么行？

现在母亲已80多岁了，那个肿块还摸得到。几十年下来，它倒也跟母亲相安无事。

上小学时，有一次老师叫元新背课文，元新没背全。老师当着同学的面就批评道："有人养，没人教。"大概老师认为父母经常不在家，缺少督促，把孩子都放野了，学习不上心。此时的元新已渐渐长大，开始懂事了，听了老师的话感觉很刺心：自己被老师教育了不算，还将父母也牵累进去。此后的他，开始发奋努力做好每件事，以免被别人看不起。

元新到了小学三年级时，已经是班里的好学生了。但元新发现一个奇怪的现象：像他这样的乖孩子，若有一点点过失，就要被老师叫到办公室批评，而班里的差生，比他捣蛋多了，老师反而视而不见。

有调皮的孩子给元新传授经验："都怪你自己太听话。下次老师叫你，你坚决不去，以后老师就不会死管你了。"

元新听后，感觉很有道理。这天，老师叫元新下课后跟他去办公室，元新回说不去。老师大吃一惊，盛怒之下，偏要他去。元新越发不去，老师急了，抓住元新的胳膊把他拉到办公室批评。元新很懊恼，众目睽睽之下，被老师硬拖过去，真丢人啊。还不如当时自觉地跟老师去办公室呢。

在学校到底是听话好，还是不听话好？为什么自己越听话，老师越严厉呢？小元新为此很是疑惑了一阵子。

总之，那些年里，愁云始终笼罩着吴家。

也许是童年艰苦生活的磨砺，姐姐长大后对于浪费金钱的事情，简直无法容忍。这是不难理解的。

元新开始收藏蓝印花布时，曾托姐姐到乡下替自己收购蓝印花布。

农民听说自家古旧的破蓝印花布还有人收购，很高兴。有的人就拿来已经破烂不堪的蓝印花布围腰、抹布什么的，通常吴元新明知这些东西收回去也是废物，但为了不挫伤农民的积极性，还是会出点钱收下来。他清楚，在农村一切都要靠好的口碑，你如果不收，这个人回去的路上碰到人就会散播消息："哼，不要去啦！人家挑剔着呢。"听信的人就再也不会上门了。

姐姐替元新收蓝印花布时，碰到这种情况，总是一口回绝。既然收回去没有用处，为什么要花这个冤枉钱？我弟弟又不是有钱人！她非要替弟弟省下这个钱。吴元新只好婉言解释给姐姐听。道理是明白了，问题是姐姐下回碰到同样的情况，照样舍不得花钱收无用的东西。后来，姐姐能收到的蓝印花布就越来越少了。

小孩子爱糖

著名作家俞平伯到了中年醒悟到：世间没什么新鲜事，无非是男人爱女人，女人爱小孩，小孩子爱糖。人生大抵如此，大抵如此。

吴元新小时候，大多数人家并没有闲钱给小孩子买糖吃，穷人的孩子很早就懂得要想吃到糖，就得自力更生自己想办法。平日里，捡到一个牙膏皮，赶快欣欣然收好，等着换糖的江北人的到来。江北人来了，右手倒提个大摇鼓儿"卜咚、卜咚"，担子前面放块长方形木板，木板上放着直径尺许，厚2～3厘米的斫糖。谁买，就将一个方形铁刀竖放在糖上，用铁棒从旁边一敲，糖就斫了下来。糖呈姜黄色，看起来挺硬，不过放在嘴里一会儿就软了。虽然此糖粘牙齿，不大甜，还带点焦味，但因便宜，买者可用钱买，也可用破布、废铜、烂铁、牙膏皮等物交换。

通常，谁也没有好运气天天捡到牙膏皮。

这天，小元新的小朋友跑来告诉他一个好消息：镇子上的药店现收购手指甲，他已经把自个儿及家人剪的手指甲收集起来到药店换了钱，买了糖果吃掉了，他让元新也赶紧去。随后，这个小朋友还得意洋洋地告诉元新一个大秘密：他其实在里面混了些脚指甲，药店没有发现。

啊！指甲能换糖吃！元新飞奔到家里，央求祖母、爸爸、妈妈和姐姐赶紧剪指甲，自己也剪了，然后仔细地收集到一个小火柴盒里，看看，总觉得不够多。于是又让大家剪了些脚指甲凑分量，满心欢喜地拿到药店。药店的人一眼就辨出里面混有脚指甲，拒绝收购。

大概是小孩子太贪心，将脚指甲混得太多了！没想到从此以后，药店连手指甲也不收购了。

小元新总疑心是因为自己坏了规矩，才让所有的人都因此失去了用手指甲换糖的好机会！

在元新的记忆里，父亲虽然长年患病，但对一双儿女，却极其呵护。

小时候，看见有小孩子吃棒冰，只见他伸着舌头，舔一下棒冰，又舔一下，元新看得眼馋。虽然一根棒冰只要4分钱，但跟母亲要钱，照例不会给的。父亲看病已经花去不少钱了，女儿将来出嫁要备嫁妆，越是家中有病人，自家的境遇不如别人，凡事要强的母亲越要设法把嫁妆备齐，将女儿风光体面地嫁出去，不能叫别人看不起。元新还要念书，家里的油、盐、酱、醋哪样不要用钱买啊？唉，需要用钱的地方太多了，哪怕是1分钱，能省的都该省着。小孩子嘴馋，长大了还能有出息？棒冰吃到肚里，对身体又有什么好处？

元新决定跟父亲要钱。父亲哪怕只有1毛钱，只要孩子要，都会偷偷地塞给孩子。没想到偏偏这次被母亲看见了，数落了父亲几句，又将1毛钱从元新手里给要回去了。祖母听见儿子、孙子都挨说，又气又疼，从自己口袋里颤颤巍巍地掏出一个布包，一层层打开，里面是两毛钱，全拿出来给了小元新。

母亲见婆婆生气了，就不敢再吱声。元新因自己嘴馋，惹得家人生气，自己愧疚了好一会儿。

在营养不良的年代，一切甜的东西，对于小孩子的诱惑有时候竟难以抵御。元新知道家中有包红糖，被母亲藏在粮食缸里，他一直惦记着。这天家中无人，他的手不知怎么自己就伸到缸里，把那包糖给掏了出来。谁知刚刚吃了一口，就被刚巧回家的母亲碰上了。

“好啊！你不学好，居然学会偷东西吃了！”母亲气急了，拉过小元新就打。

一向沉默寡言脾气很好的父亲收工回家听说元新挨打了，大怒：“不就是小孩子吃了一口糖吗？多大的事啊，就挨打。”于是把红糖包摔在了地上！

母亲又惊又愧，哭了，小元新看见母亲哭了，父亲发了脾气，很害怕，也哭了。事后，父亲背着母亲对元新说：“你妈是刀子嘴、豆腐心，不是不疼你，她只是怕把你惯坏了，你妈一直讲宝贝儿子要宝贝在心里，不是宝贝在面上。”元新似懂非懂地点了点头。

孩子眼里无小事

屋后的院子里冒出一棵小泡桐，元新很爱惜，每天三番五次地跑去浇水查看。

小泡桐长得很快，发出了好些嫩枝丫。元新突然想起大人们都要将树木多余的枝杈打去，只留下主枝，这样树才能长得茁壮。于是，他决定自己动手将小泡桐的枝丫去掉，只留中间的枝。没想到一不小心，中间的主枝也被碰断了！

坏了！坏了！小元新立即跑到厨房，拽住父亲叫他赶紧找布去后院包扎小树。父亲耐心地给小元新解释：“树枝已经断了，包上也不管用。”厨房里帮忙烧火的表亲看着这一幕却忍不住诧异，大声笑道：“这个小孩子是不是有些傻啊！？”

那一瞬间，这句话就深深地刻在了元新的小脑瓜里。长大之后，每每做了不该做的事，元新就会想起这一幕，自己暗暗思量："我是不是有些傻啊？"

秋深了，小元新的蝈蝈冻死了。他很伤心。

小元新用布头给蝈蝈缝了件小衣服，给蝈蝈穿裹好，又用小树枝打造了一个小房子，然后将蝈蝈放进去，拎到河边。

他在河岸挖了一个深坑，郑重地将蝈蝈埋葬了。堆起坟头，作了记号后忧伤地回了家。

春天到了，河岸上绿草茵茵，元新又来到他葬蝈蝈的地方。他想看看一个冬天过去了，他的蝈蝈还好吗？变了样子没有？将坟头挖开，大吃一惊，里面什么都没有！

蝈蝈一定是被别的动物吃掉了！他蹲在地上，很沮丧。

第二年秋天，又一只蝈蝈死了。这次小元新照例给蝈蝈缝了新衣包裹后特意找了个玻璃瓶将蝈蝈放进去，然后再埋葬。如果有动物再想吃我的蝈蝈，看你如何下嘴！小元新有些幸灾乐祸地想。

这天，元新在邻居家跟小朋友拍皮球玩，皮球滚到床底下，有小朋友爬进去找，发现了一个大秘密：这家床底下藏着一个陶瓷菩萨！那年头，连小孩子都知道这是"四旧"！谁家也不敢私自藏着。

小孩子回家告诉大人，却遭到大人的严厉呵斥："不许随便说，上面知道了，要出大事！"邻居家也发誓赌咒说陶瓷菩萨原是放到床底下忘掉了，现在早已砸碎了。

小元新一直惦记着这尊菩萨，老想再看一眼。后来他又找机会爬到邻居床底下，菩萨不见了！元新内心肯定邻居家将菩萨转移，藏到别处了。他自己家不也是将一枚袁大头银元一直藏在墙缝里吗？

吴元新结婚时，姐姐将这枚银元拿到银匠那里打了两个银戒指给新婚的夫妻作纪念。

打小，从元新身上就能看出凡事喜欢寻根问底，做事有始有终，重情重义的特点。日后，这种特点伴随了他一生。

接骨头

元新不但是个重感情的孩子，他还对一切传统风俗仪式有一种与生俱来的迷恋。

当地有个风俗，人死后装进棺材埋葬，过个四五年时间，棺材中的死人便会只剩下骨头。在大寒到立春这段时间里，亲人会打开棺材将骨头装入瓮中再重新埋葬，俗称“接骨头”。

在给祖母接骨头那天，母亲并没有告诉他。元新放学回到家里，仪式已经结束了。元新跟母亲吵闹，怪母亲没有事先告诉他。母亲则认为小孩子在不在场有什么要紧，何况还要上学，请假则耽误学习。

疼爱他的祖母辞世时，从给祖母穿衣服到下葬，元新都在场。祖母去世后，元新一直很想念她。他希望能够亲眼目送祖母的骨头移到陶罐里，然后重新入土安葬。他在身边，祖母会感到安慰的！

后来，元新外公去世后接骨头时，母亲特意叫元新参加了仪式。

在吴元新看来，亲人过世，只有自始至终参加了所有的安葬、纪念仪式，心中才了无缺憾。

民间剪纸、做兔儿灯、粘糊用来烧给死人的纸房子和纸家具，凡此种种，元新无一不深感兴趣。对于农村婚丧嫁娶的各种仪式，元新更是喜欢。

现在的婚丧嫁娶仪式一味简化，吴元新对此颇感惆怅。原先，亲人去世，家人要给死者做头七、二七……直至终七，就在种种繁复的纪念仪式中，生者会逐渐接受亲人已离世的事实，慢慢地收拾起忧伤，整理好心情。而同时，这些隆重的仪式也可以告慰死者的在天之灵，表达生者对死者真挚的缅怀。

元新的母亲看到现在的儿女在父母去世后，不按传统习俗操办丧事，一切从简，对此颇不以为然。吴元新也很看不惯，他自始至终都认为婚丧嫁娶的仪式不应该过于简慢。

第三章

可以养家了

可以养家了

15岁这年，元新初中毕业，由于上初中时常半工半读，他自己决定不念高中，下地参加劳动，挣工分养家。虽然父母反对，但他主意已定。

第一天下地收工后，元新笑嘻嘻地回家，告诉母亲他一点儿都不累，一天挣了3工分（能挣3角钱左右）。他是穷人家的孩子，并不以劳作为苦，同时他用笑容安慰母亲，好教她放心。

这么小的孩子就开始下地挣工分养家，母亲心中很悲伤，觉得对不住孩子。可看见元新灿烂的笑脸，觉得以后的日子儿子能够帮忙养家了，又感到很欣慰。更何况，将来元新还能等到征地招工当工人的机会，不会永远当农民，前途还是有的。

队干部自有土办法管理这些半大的小劳力。比如摘棉花，谁家孩子负责的地里的棉花没摘干净，队干部就会让这个孩子的母亲返工收尾。也有几次，母亲给元新扫尾，元新心疼自己的母亲，干活越来越像模像样了。

此时，祖母已经去世好几年了，姐姐16岁就进了一个集体服装厂当了缝纫工人。元新看着姐姐在家做缝纫的活，很羡慕。姐姐去上班了，他也学着姐姐的样子踩踏缝纫机，居然也能自己裁剪做出当时流行的假领子。真是个心灵手巧的男孩儿。

日后，元新在辞职后筹备蓝印花布艺术馆的开馆经费时，他就是靠自己小时候偷偷学会的缝纫技术，自己裁剪缝制蓝印花布玩具去卖。

自从姐姐21岁开始，老有人上门提亲。十五六岁的元新半大不小，就听着一会儿介绍的是国营厂的，一会儿又是个集体厂的，或者是个现役军人……反正他也闹不太清楚其差别。姐姐23岁时，嫁了一个国营食品厂的工人。姐夫是厂里的技术工人，人品好，又肯干，父母亲都很满意。

经过这些年的治疗，父亲的身体也渐渐康复，又可以下地参加劳动了。这得归功于母亲的精心照顾。多年下来，母亲慢慢摸索出父亲发病的基本规律了，只要发现有苗头，就立即给他吃药，控制住病情，在母亲的调理之下，父亲的病情大有好转。

元新挣的工分虽然不如一个壮劳力多，但也能自食其力，不再需要父母养他。吴家的状况正在往好的方向转变。

生产队里的小队长是个女的，因她是村干部中唯一的党员，因此派她做了正队长，两个副队长是男的。这个女队长瘦小精干，也许是因为元新的父亲手巧，也许是因为他老实听话，小队长老是对元新父亲呼来唤去，指派他干这干那，令元新看不下去。

这一天，元新和父亲在一起劳动，女队长又将没人愿意干的活儿指派给父亲。元新再也忍不住了，上前质问队长：为何单将这种又脏又累的活儿派给父亲？为什么欺负老实人？

一个小孩子家竟敢挑战生产队干部的权威！队长既惊又怒，恼恨不已。

父亲怕得罪队长，于是息事宁人，训斥元新："小孩子不要管大人的事！"元新一点儿都不惧怕，他早就窝了一肚子火了，今天将心里话嚷出来，很痛快。我凭力气挣饭吃，怕什么！

母亲听到后，非常忧惧。要知道，将来招工时，让你第几批走，分配到哪个单位，小队长都有绝对的发言权！她要是记恨起来，这可事关孩子的前程啊！于是母亲亲自上小队长家，替元新赔了不是。希望她看在大人的份儿上，不要跟不懂事的孩子计较。小队长口头上说不计较，其实这个瘦小的女人蛮有心机，很难知道她心里到底怎么想。

休息时应不应该开灯

元新16岁那年，城里的工厂因发展需要征用了生产队的地，队里的年轻人有的被招工分到邮局，有的到百货公司当营业员，而小队长偏偏将在煤球厂的临时工名额给了元新。

搓煤球的工作又苦又脏，显然小队长并没有忘记元新顶撞过她。明摆着，元新被打击报复了。可元新并不后悔自己得罪了小队长，父亲最疼爱元新，元新觉得自己已经长大了，有责任保护老实的父亲。

煤球厂任务繁重，工作真累啊。工人们忙时三班倒着干活。冬季的一天夜里，天没亮，元新和师傅们就已经借着灯光，和了一大堆煤泥，一个个浑身冒汗，头上热气腾腾的。大家才坐下来歇口气，厂长突然到了，看见工人们都坐在地上，就没好气起来，大声呵斥："休息时为啥还开着灯？"

也许厂长的声音太严厉了，使得一心追求进步的元新很惶恐。

工人们沉默地站起来继续干活，元新一边干着活，一边寻思：开灯，费电；关灯，一群人在黑暗中坐着喘气，情形似乎也很古怪呢。休息时到底该不该开灯呢？这个问题着实让实际上还是个大孩子的元新困惑了许久。直到今天，头脑里偶尔还会冒出这个问题：当时到底应不应该开灯？

印染厂的学徒工

17岁时，正式招工又开始了，国营厂的名额还是没有派给吴元新，元新只好选择自己认为理想的印染厂。这是前店后厂，虽然自称是厂，但附近的老百姓就叫它染布店，他们常常把自己织的土布拿来这里染。这个厂在当地叫镇办集体厂。好歹总比煤球厂强些。

元新算是个正式工人了。他被分配到染布车间，每天的工作就是洗布和染布。

1977年，吴元新在印染厂当学徒时早晨走进厂门（上）
印染厂学徒工合影（下）

农民每年农历二月开始种蓝草，到五月收割头蓝，大暑期间割二蓝。割蓝当日清晨3点动手，到太阳未出前歇手，这样的蓝草出靛率最高。制蓝的方法如北魏贾思勰在《齐民要术·种蓝》中所述：“七月中作坑，令受百许束，作麦秆泥泥之，令深五寸，以苫蔽四壁。刈蓝倒竖于坑中，下水，以木石镇压令没。热时一宿，冷时再宿，漉去荄，内汁于瓮中，率十石瓮，著石灰一斗五升，急手抨之，一食顷止。澄清泻去水，别作小坑，贮蓝靛著坑中。候如强粥，还出瓮中，蓝淀成矣。”染色传统工艺具体为：（1）配色：把蓝靛倒入小缸中，再配上石灰粉和米酒加适量的水搅拌，使蓝靛水变黄，水面上起靛沫，俗称“靛花”，即可倒入大缸待染。

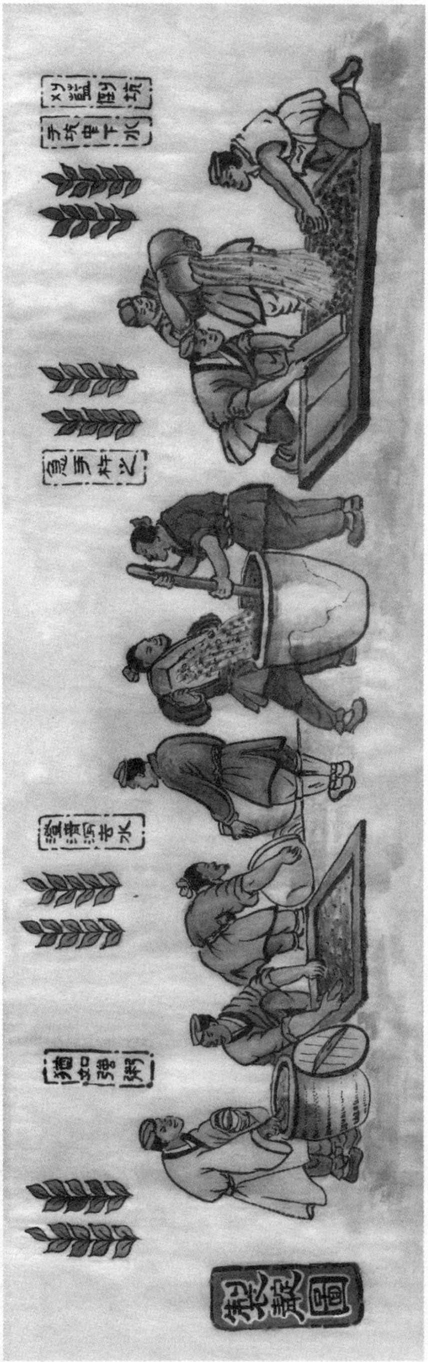

原始制靛图（宋芷石 复制）

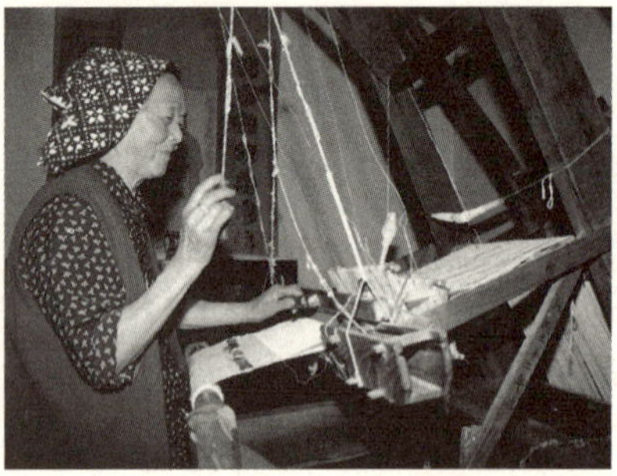

绕线（左） 织布（右）

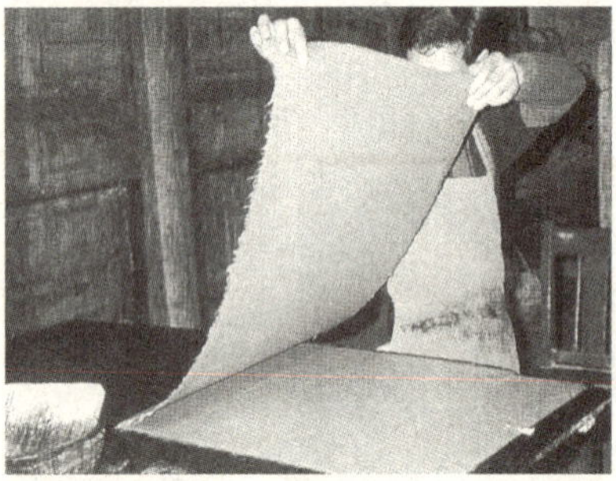
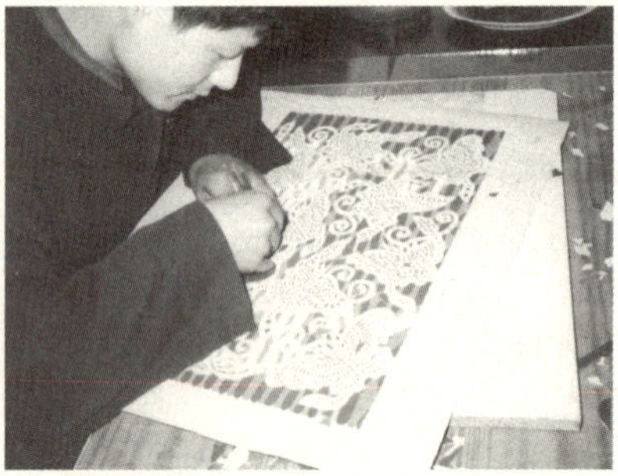

裱纸（左） 刻版（右）

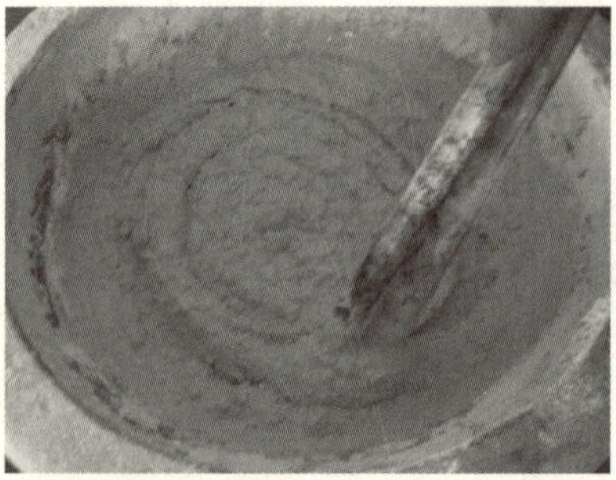
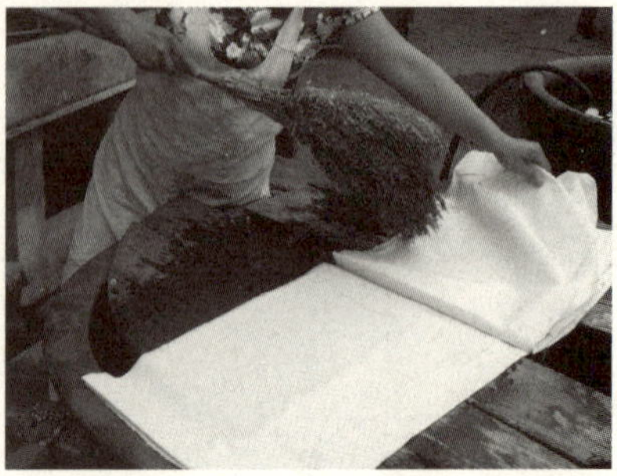

和浆（左） 湿布（右）

刮浆（左） 晾浆布（右）

调色（左） 喂缸（右）

染布（左） 刮白（右）

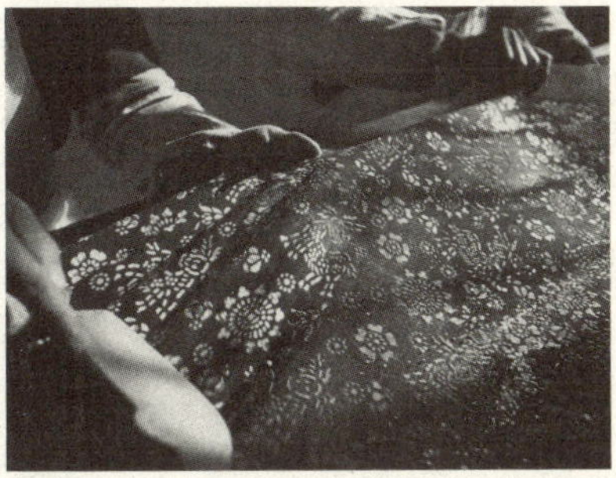

清洗（左） 晾晒（右）

（2）看缸：旧时调色下缸由看缸师傅一人做主，其中玄机一般不传外人。每天一早看缸师傅都要看看染色水是否“成熟”，用碗舀起一碗苗水，先用食指在头上轻擦一下，指头上沾了油脂后，再放在碗边的苗水上，看颜色大小，如碗中水面迅速推开，缸中靛水颜色大，则成熟；反之，则不成熟，必须用石灰粉、米酒调整。（3）下缸：缸水须保持在10摄氏度以上，坯布须浸湿后方可下缸，在充分浸染后再出缸氧化。一般要反复浸染。

染布车间的活儿很累，也很杂。白坯布进了车间先要选料、脱脂退浆，质量好的印花，质量差的单染色成老蓝布；然后是刻花版刮浆，这种防染浆是用黄豆粉加石灰粉自行调制的，黄豆粉越细，浆调得越透，黏性就越好，刮浆时用力要均匀；刮完浆的坯布晾干后，再下缸染色，出缸，透风再下缸，反复进行，次数要根据颜色深度而定，然后是刮灰、清洗、晾晒、整理。

小元新洗布从不惜力，一起进厂的比他大的小伙子们也有调皮捣蛋不听话的，令厂领导头疼。跟他们比，元新乖巧懂事，深得师傅们喜爱。

每当10分钟的工间休息时，元新就跑到刻版室看师傅们刻版，他们刻版的手那样灵巧，收放自如，随着小小的刻刀，手底下出现美丽的纹样，这可比洗布有趣多了！元新看得兴味十足，自己要是也能刻版该多好啊。

在印染厂有个说法：一等师傅揭盖蓬；二等师傅调染料；三等师傅只能洗布染布。元新是个要强的孩子，无论干什么，他都希望自己能晋升到拥有最高技术含量的队列里。可当时的年代，一切都要组织安排，工种也是由厂里分配。他虽然心有不甘，也只能先努力将染布的工作做好。

这天，因挑晒花布时用力不当，元新的脚脖子扭伤了。厂里让他回家休息。

元新落寞地躺在床上，脚脖子渐渐肿了起来。现在的他日见成熟，已经不是那个无忧无虑的大孩子了。难道自己一辈子就只能洗布染布了吗？想起自己的前程元新心里灰灰的。

这时，厂工会派人来看望元新，屋子里顿时变得温暖热闹，刚才的寂寞伤感一扫而空。第二天，元新拐着脚欢欢喜喜去上班了。到了厂里，元新跟往日一样高高兴兴地干起活儿。

有的人天生就易被感动，只要外界给他一点点温暖，在他心里就能擦出火花。吴元新就是这样的一个人。

洗布染布的活儿很累，元新到了晚上还常常主动加班。年终，厂里设的“百日红”奖发给了他。原来，一个人只要踏踏实实地做事情，其实别人都会注意得到。年少的元新这时候已经模模糊糊地认识到了这一点。日后的元新在筹建艺术馆最困难的时候还能坚持下去，与他的这种信念是分不开的。

这是记忆里父母最高兴的一天！儿子长大了，知道上进，作为父母的，颇感欣慰。

看着元新天天染布，累倒是其次，关键是母亲觉得这个工作就是个力气活，技术性不高。父亲是个随遇而安的人，他只担心儿子年龄小，还在长身体，千万别累坏了。

母亲一直对元新没能念高中耿耿于怀，老觉得前些年家境不好，拖累了儿子，做父母的没有尽到责任。现在上班了，希望元新能够学一门手艺，将来手艺学好了，凭手艺吃饭总强于凭力气吃饭。

在印染厂，技艺方面最好的工种就是蓝印花布纹样设计和刻版。元新的家人也会染布，附近农民会染布的多了，因此染布在他们眼里稀松平常，没什么了不起。可是他们都不会刻版，刻版可是精细活，如果元新能够学会刻版，那就太理想了。

母亲虽不识字，但颇有见识。自从有了让元新学刻版的想法，她就开始积极想办法。她是个农民，没办法找到直接认识的人帮忙，但谁都有个自己的社会关系网，在小地方通过人托人，最后总能找到相关的人帮忙。

经过打听，元新表哥的女朋友就是印染厂革委会主任。去人家里求人说情总不好空手上门。可是以吴家当时的经济条件，送贵重的礼，根本买不起。虽说买不了贵重的，但也要拿得出手才行。母亲托了在食品厂工作的元新姐夫从厂里买了些脆饼。脆饼是当地的特产，当时连脆饼也要计划供应，在社会上也算紧俏货，要不是元新姐夫是食品厂的师傅，一般人还不容易买得到呢。

革委会主任接到吴元新调动的申请，很有原则性地讲："年轻人什么工作都得做，待染布学好后再说。"元新并没有气馁，仍然积极地工作，半年后元新被调到刻版室学刻版。

厂长本来就对机灵肯干的小元新印象不错。刻版室的黄师傅早就注意到这个常来室里转悠的小伙子，觉得小伙子不光有灵气，而且好学上进。现在厂长让他收元新做徒弟，黄师傅一口就答应下来了。

会刻版了

元新跟了黄师傅，接连几个月，黄师傅每天只是叫元新练习刻一些简单的叶片和线条。时间一长，元新才发觉这跟洗布的活儿一样枯燥。他看着几个师兄都能刻纹样，心里很着急，啥时候自己也能刻出完整的蓝印花布版子来？

每天晚上，元新就偷偷来到刻版室练习，希望自己的手法能够尽早像别人那样熟练自如。这天晚上师傅来厂里拿点东西，发现了这个秘密。

惊讶之余，黄师傅留下来陪元新练习，他跟元新谈了很多。这一晚，元新觉得自己的心跟师傅贴得很近很近，从此内心里就将师傅当父亲一般看待了。而师傅看元新人实在，又很用功，对自己恭敬信赖，因此对这个徒弟也开始另眼看待。

在师傅的悉心指导下，元新进步很快，独立刻成了平生第一块版。节假日休息时，师傅就带着元新和几个徒弟到乡下挨家挨户收购古旧蓝印花布，回来再带领他们整理纹样作为参考资料。能说会道的师傅很会与老乡们打交道，对于蓝印花布的鉴赏力也很高，元新用崇拜的眼光默默地看着师傅的一举一动，心里对师傅十分佩服。师傅的一切对元新产生了深远的影响。元新自己后来热烈地喜爱上蓝印花布的收藏，除了童年对染织的记忆外，很大程度是源于师傅对他的感染和启发。

刻好的版要通过磨光、上油、刮浆、染色、刮白等一系列的工序，最后才能印染成布匹，大约需要20天的时间整个工序才能完成。元新全程跟踪，跟负责其他工序的师傅们说着好话，唯恐别人一不经心，不能使自己作品的效果完美呈现。

啊，布匹染好了，元新怀着激动的心情一遍又一遍地欣赏着。用自己刻的版印染成布后，就觉得格外好看，老也看不够。

突然他的心里“咯噔”一下，图案漏刻了一个点，一朵花没有花心了！当时交货日期已到，重印已来不及了，只有眼看着这批货装箱运出了。

20世纪七八十年代，在日本兴起传统工艺热。纯手工的中国蓝印花布在日本的销售很好。元新刻版的这批蓝印花布共计50匹，当时是海运，大

吴元新学徒时期和师傅黄志平，师兄宣永生、沈冠华合影

约50天后货物才能抵达日本。

怎么办啊？整整两个月，元新每天都是在忐忑不安中度过，唯恐被日方发现。如果真是那样，厂里一定会把自己赶出刻版室！元新怀着恐惧想象着最坏的后果。

传统的蓝印花布图案繁复，一般的消费者很难发现少了一个点。事情总算神不知鬼不觉地过去了，没有元新担心的坏结果发生。但这件事给惯于自我反省的吴元新以深刻的教训，在以后的工作中，他更加严谨细致。

想要做一个好的刻版师，光会临摹是远远不够的，更高的境界应该是自己会画画、会创作，这样才能推陈出新，刻出的纹样才会生动新颖。于是，元新又开始每天晚上去文化馆办的美术班学习绘画。

美术班老师毕业于南京艺术学院，从他那里元新受到了正规的绘画训练，打下了很好的绘画基础。每晚下课后，老师单留下自己的弟弟继续辅导，给他吃小灶。好学的元新不无羡慕，真希望自己就是老师的亲弟弟啊。

参 军

部队里有人来汇龙镇征兵了！军种是海军。凡是符合条件的青年工人都要到厂里报名参加统一的体检，元新义不容辞地报了名并通过了体检。

征兵的负责人听说印染厂会画画的小伙子体检合格了，就到元新家动员，描绘了一幅美好的画面：军舰在辽阔的大海上划过波浪，高高地溅起白色的浪花，碧蓝的天空中有成群的海鸥飞过！甲板上穿着上白下蓝的水军服的士兵，胸前的飘带在风中翻舞，英姿飒爽！到了冬天，每人还发一套呢子大衣。

啊！呢子大衣！那个年代，还没有哪家的孩子穿得起呢子大衣呢！吴元新想象自己要是坐在军舰的甲板上对着美丽的海景作画；休假时，穿着呢子大衣回家探亲，多么神气！

按照国家政策，由于元新家中就一个男孩，元新可以不入伍，母亲不舍得让元新离家入伍；响应国家的号召参军是义务，也是光荣，父亲则很支持。

新兵们被送到北海舰队训练团，3个月的时间，就是拉练、跑步、整理内务，将被子叠成豆腐块。一大间宿舍住着30多名新兵，都是上下铺，没有桌子，没有凳子，每个人的牙刷、毛巾放在洗脸盆里，洗脸盆整整齐齐地摆在床底下。

星期天，元新蹲在地上，在铺上练习作画。一不留神，蓝色的颜料沾在了白色的床单上，虽然元新偷偷用水洗过，但还是被检查内勤的值班人员看出来了，班里的卫生分数被扣。

元新受到班长和区队长的严厉批评，并警告他如果下次再发生类似的情况，将会处分他。元新很紧张，很长一段时间，不敢再拿床铺当桌子画画。

3个月后，新兵们有了桌子和凳子，开会时可以坐在凳子上了，而不是像先

吴元新参军照（1980年）

前那样，挺身站立。有桌椅了，元新礼拜天画画，也用不着再蹲在床铺前了。连队的黑板报由元新一个人包下来，有机会锻炼才干，他很开心。

接下来的整整半年，元新在军队里接受了系统的文化课学习，学习了数学、物理、政治、语文，弥补了元新没有上高中的缺憾。元新学习刻苦，成绩名列前茅，受到两次嘉奖。

在军队的头一年里，新兵的伙食标准是每天4毛钱，这帮不足20岁，正在长身体的青年每日都感觉肚子里空得慌，这不是完全意义上的饥饿，更多的是馋，因为小米粥和窝头的数量并不限制，管饱，只是缺少油水。吃窝头对于从山东农村来的兵还好接受，像元新这样的南方兵，就很不习惯，要是每餐有足量的白米饭那该多么幸福！

军队的严格训练，使元新的纪律性、服从性和集体主义观念大大加强，元新变得成熟了。难怪他后来考上学后，无论是做班长还是校学生会主席，都愉快胜任。与这一年艰苦的新兵训练比较，元新觉得后来的生活和工作中碰到的困难都不算啥。

梦游的军人

黄师傅经常给元新写信来，每封信的开头，都称元新为“爱徒”，元新看了，心里热乎乎的。父亲也经常来信，告诉元新家中一切都好，无需担心。

对越自卫反击战打响了，部队每天下午都集合起来通报战况，如果国家需要，元新随时准备上战场。

很久以后，元新才知道，其实那段时间，母亲因为思念和担忧经常生病，看见儿子穿过的衣服、骑过的脚踏车都要掉泪。

因为是军属，按照有关政策可以照顾，地方上将已经50岁的母亲安排到一个小小的玩具厂上班，虽然工资不高，但惯于吃苦耐劳、喜欢热闹的母亲非常高兴在一个全新的环境里每天跟大家一起有说有笑地做手工，她的身体也因此变好了。母亲在厂里一直干到退休，退休后还有一份微薄的退休工资可拿。

一年的新兵训练结束，元新被分配到北海舰队后勤船大队负责布电缆的B764舰艇上。舰艇大多数时候泊在岸边，有任务时出海。元新偶尔有梦游的情形，在舰艇上，元新发现自己有几次晚上梦游。

赶去执行任务时，舰艇夜晚行驶在茫茫的大海上。万一在梦中迈腿从船上跨进海里怎么办？元新有些担心。于是，元新在入睡前，将自己的一只手腕用部队的背包带七绕八缠，紧紧地缚在床头的栏杆上。第二天醒来，发现背包带是解开的，看来自己梦中解开了带子，又上甲板游了一圈后回到床上了。这可怎么办呢？元新忧心忡忡。但几次下来，他发现自己梦游后都安然无恙，并没有一脚踏到海里去，于是竟然放心入睡。

唉！年龄太小，思虑太少，不知道问题的严重性。自始至终，元新也没有将此种情形告知部队领导。

对越自卫反击战结束后，军委下令裁军100万。舰艇上很多从山东农村来的老兵面临退役的局面，对这些农村兵而言，部队里各方面条件比起农村老家要好许多，很多老兵希望继续服役。

此前，元新他们在上海浦东造船厂接船时，黄师傅特意去上海看望过元新。世情练达、能说会道的黄师傅还顺便拜访了元新船上的政委，向政委提起过元新父亲的身体状况，也谈到工厂很需要元新回去刻版、设计纹样。

现在既然很多老兵不愿意退役，而部队的编制又有限，不如让家中只有一个男孩的元新提前退役回去照顾父母，把空出来的编制让给老兵。按相关政策政委找到元新，告诉他可以写退役申请。

吴元新向部队提出因父母身体等原因申请提前退役。虽然他服从命令，吃苦耐劳，表现优异，但事实是军旅生活似乎不是很适合他，尤其是在军中绘画技能无从提高，他一直为此闷闷不乐。元新的申请很快被批准。于是1980年年底，元新回到启东。从部队回来，按照国家政策，元新可以有机会重新选择条件好些的工作单位，但思虑再三，元新最后还是回到了印染厂，他从心底里喜欢蓝印花布。

第四章

伪证

伪 证

元新从部队回来时，高考制度已经恢复了。

元新又开始白天在厂里设计纹样、刻版，晚上去文化馆学习绘画的生活。虽然只是在军队里待了短短的两年，但环顾四周，元新突然发现昔日跟自己一起学习绘画的年轻人们就在这两年几乎都已考取了大专院校，他在绘画班变成了大龄青年。

吴元新姑妈的女儿陈燕燕毕业于师范学校，在当地是小学教师。她家就住在元新家前排，这位表姐大元新很多，生养了二男一女，小儿子陈卫华年龄跟元新相近，是元新小时的玩伴。

表姐在元新的亲友中算得上是有知识的人，她对孩子的教育非常重视。元新在参军前，总是同表姐的小儿子陈卫华一起学绘画，等元新从军队回来，卫华已经考取了无锡轻工业学院的造型设计专业。

没有上过高中，本来就是元新心中很大的缺憾，而现在，他决心再也不能放过上学机会。表姐家的卫华已经成了元新的榜样，元新从绘画班学习归来，都会拿着自己的画去表姐家，表姐也会立即放下手中的活计迎上前来看元新的画，每次都夸奖元新画得好。表姐鼓励的话语给元新增添了信心和动力。

第一次参加高考，元新的成绩离高考录取分数线差了十几分，没有考取，但这个成绩却极大地鼓舞了元新，他决心好好复习，1982年继续参加高考。

1982年，元新同一帮启东老乡一起去苏州参加苏州工艺美校的招生考试，一行15人。素来为人厚道、有大哥风范的元新一路上照顾着大家。毕

吴元新与外甥陈卫华

竟他参军时在青岛这个大城市服役，而这些参加高考的老乡大多来自启东农村，有的还从未走出过县城呢。

考场上，元新全神贯注，自我感觉画得得心应手。突然，邻桌一起来考试的启东老乡陈向东被监考老师怀疑是在作弊，证据是老师发现他桌上有一个绘画草图，怀疑是陈从考场外带进来的，陈则坚持那是自己刚刚在考场上画的。

两方各不相让，情况紧急。若真是作弊，监考老师就有权令陈向东退出考场。谁能站起来证明这个草图是陈在考场上画的？老师大声询问。陈向东四下张望，紧张至极。

没有人站起来，考场上鸦雀无声。这时，邻桌的吴元新站起来了！他说他可以证明这是陈向东在考场上打的草稿。

一起进考场时，元新的确没有看见陈向东带东西进考场，更何况元新相信他的同乡不会作弊。于是，老师宣布陈向东可以继续参加考试。

考试成绩出来了，参加苏州工艺美校招生考试的15名启东考生中，只有吴元新和陈向东分数过了录取分数线。眼看上学的愿望就要实现，吴元

吴元新入学时与同学合影

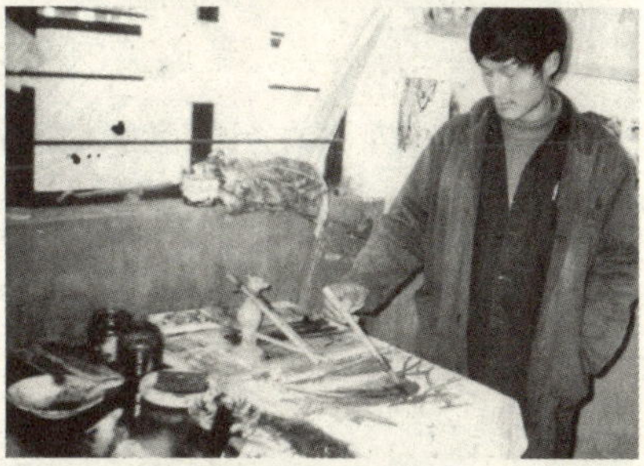
吴元新在江苏省宜兴陶瓷学校学习

1982—1985年吴元新在宜兴学习期间的作业

新喜不自禁。

就在这时，又来了通知：因为学校接到“人民来信”，有人告发陈向东考试作弊，吴元新做了伪证，学校没经过调查取证就草率做出决定将陈向东和吴元新的入学资格一并取消！

年轻心热、青春无悔。吴元新为自己的义气付出了代价。

所幸的是，当年吴元新还参加了江苏省宜兴陶瓷工业学校美术专业的招考，也接到了录取通知书。虽然宜兴陶瓷学校同苏州工艺美校同属江苏省轻工业厅主管，但从当时的学校条件和地理位置上看，明显差些。但事已至此，已届高考大龄的吴元新也计较不了那么多了，只要是美术专业就行，于是他收拾好行李就去江苏省宜兴学校报到了。

至于陈向东，又考了两年，于1984年考取了南通师专的美术专业。他后来专攻版画，曾任启东版画院的副院长，在江苏省的版画界颇有名望。后随做玩具出口贸易的太太移民到了美国。现在他的太太在美国专做贸易，陈向东除了协助做一些生意外，业余时间还继续搞些版画创作，在美国版画界也颇有影响。

2001年2月，吴元新应美国亚利桑那州邀请去参加新春中国文化周活动。南通蓝印花布在美国凤凰城展览的5天时间里，共接待了3万多来宾。展览结束后陈向东接吴元新住到自己家中，陪吴游玩了附近的景区，夫妻两人感念旧谊，待元新非常热情。

班主任

吴元新在宜兴念书的三年非常顺利。宜兴陶瓷工业学校的图书馆，令此前没有机会接触太多专业书籍的吴元新大开眼界，虽然以吴元新现在的眼光看来，这个图书馆当年的藏书并不算丰富，但在这里他阅读了大量的专业书籍，了解了其他的传统民间工艺，大大地开扩了视野。

在学校读书期间，元新继续为印染厂设计蓝印花布纹样。其设计的纹样在日本大受欢迎，工厂打破原先客户下订单后才付设计费的规矩，只要工厂接到元新设计的纹样，就马上付费。这当然是因为元新的设计实力强，工厂方面这样做并没有风险。

此时，元新开始在蓝印花布纹样设计中大胆吸取传统的木雕、剪纸、刺绣、陶瓷、青铜等纹样元素。这段时间，吴元新的设计能力迅速增长，设计思想也变得丰富，其设计风格渐趋鲜明。

这时候，随着改革开放的深入，家乡的经济生活日趋活跃。暑假期间，元新回家跟家人商量着要将自家的印染传统恢复起来。由他设计裙子

1982—1987年吴元新在宜兴学习和任教期间设计的蓝印花布画稿

的式样花色，母亲负责扎花，父亲负责染色，而会做服装的姐姐则负责用缝纫机缝制。只要天气晴朗，吴家房前就会晒上一大圈蓝底白花的布料，非常醒目。

母亲在闹市租了一个摊位，每天能卖出5—10条裙子，能赚二三十元钱呢。看着吴家凭着技艺将日子过得红红火火的，邻居和亲戚们都非常羡慕。母亲尤其高兴，这可比在电影院门口卖茶水，一分一分地赚钱强多了。

在班里吴元新年纪最大，他本来就有一种温厚成熟的大哥气质，班里同学很自然地从一开始就推选他当班长。

班主任蒋老师对学生要求很严，不许男女生交往，不许迟到，不许抽烟。班里的同学年纪不一，有的已20岁出头，更有部分人上学前就工作过，已经具备一定的工作经验和人生经验，再加上学艺术的学生都不喜欢受约束、生性散漫，一时间，学生对于班主任的严格管教有些抵触情绪，因班主任还负责学校的毕业分配，学生们对班主任的态度也还恭敬。班里组织春游，班主任也去了，让一个男同学用自行车捎着她。这个男生后来偷偷告诉吴元新，因平日就很怕班主任，一想到她现在居然就坐在自己的背后，他就紧张得直冒汗，以至于路上有几次差点把老师从车上摔下来。

元新深得同学信赖，同学心中有什么烦心事、难事，都愿意跟这个班长说。只要同学犯的不是原则性错误，只是像偷偷抽了根烟或偶尔没有上晚自习这样的错，被班主任发现时，元新都会向她婉转解释，替同学开脱，小事化了。作为学生科科长，班主任希望自己带的班级能够事事走在全校前面，给全校起表率作用。吴元新没有辜负老师的期望，在班主任蒋老师的推荐和他的努力下，他不仅当选为校学生会主席，在三年中，还带领学生会组织了各种文体和专业竞赛，并在同类学校的竞赛中，取得了优异的成绩。

毕业时，全年级有5个直接保送大专的名额。班主任推荐了自己班里的4个学生，其中并没有吴元新，令一向积极上进的吴元新颇感意外。也许班主任蒋老师认为，吴元新更适合留校做一名美术教师。而事实也证明，三

吴元新和同学徐敏合影

年的留校经历，无论是对于吴元新自身的能力培养与锻炼，还是对于吴元新蓝印花布的教学和研究，都起到了十分重要的作用。

挚　友

在宜兴念书的三年里，虽然吴元新与班里的同学感情都很好，但与他关系最深的是班里的徐敏同学。

徐敏是南京人，看上去敏感文弱。他肤色白皙，身材颀长，性格内向，是班上的学习委员，绘画和外语都很好，比元新小3岁。

上学前，徐敏一直是由祖母带着他和叔叔一起生活，感情上自然就依赖祖母，与父母关系反倒不甚亲密，很少与父母沟通。

有一天晚饭后元新跟徐敏去河边散步，也许是因为现在已经很信任元新了，徐敏当着元新的面掏出一根烟点上了。元新吃了一惊，他还是第一次看见徐敏抽烟。抽烟是学校纪律不允许的。元新立即劝阻他不要抽烟，并提醒他发黄的手指若给老师看到会惹来麻烦。敏感的徐敏能感觉出元新是真心为自己好，渐渐地对元新生出信赖之情，也愿意跟元新说说自己内心的烦恼。

对于自己和父母的关系，徐敏很苦恼。跟父母情感疏远，无论如何也是一种人生的缺憾。元新劝徐敏多跟父母沟通，元新自己是个孝子，成长于一家人相亲相爱的家庭，因而劝导徐敏父母都是疼爱自己的子女的，应该和父母加强情感的联系。

徐敏从温厚的元新那里感受到兄长般的爱护和宽容，而徐敏的好学和灵气也深深地吸引着元新。年轻的朋友间因纯真的友谊而互相影响，在成长的过程中不知不觉地在彼此的性格里打上了对方的烙印。

渐渐地，徐敏跟父母的关系有了改善，当徐父得知儿子受其班长的影响而有了转变时，对吴元新充满了感激。

1985年毕业时，由于吴元新在校期间成绩优异、工作能力突出，经校领导研究决定让吴元新留校任教，学校党委仇建辉书记也极力挽留，元新成了班里唯一美术专业留校任教的人，同时还兼任校团委书记，享受科级待遇，工资比其他同学高出好几级。而徐敏，则被分配到南京的肥皂厂工作，设计肥皂的包装。才高气傲的徐敏自然不会甘心待在一个小肥皂厂里设计肥皂盒，经过一年努力，他考取了中央工艺美术学院的本科。过了几年，吴元新去中央工艺美术学院进修时，徐敏还没毕业，两人又做起了同学。

才华横溢的徐敏从中央工艺美术学院毕业后，回到南京自己创办了装饰公司，收入丰厚。因自小体验了金钱的匮乏给祖母和自己的叔叔带来的痛苦和艰辛，徐敏对于自己开办公司的人生选择很满意，2010年徐敏博士毕业后，调入了南京艺术学院任教，元新也为好朋友的成功而由衷地高兴。

当了老师

班里的同学们陆陆续续地离校了，作为唯一留校的吴元新，天天忙着给同学们送行。送走最后一位同学，元新回到宿舍，站在空荡荡的屋子中央，环顾四周，慢慢地，泪盈于睫。

他坐在床上，放下蚊帐，然后开始泪水汹涌，号啕大哭。整整一个月，元新若有所失，情绪低落。暑假，元新回到启东父母家中，还是闷闷不乐。说不上有什么明确的原因，反正不愿意说话，也很少出门。

乡下姑妈家的邻居突然自杀了。一时间，大家议论纷纷，有感慨的、惋惜的，也有表示难以理解的。元新默默地听着，内心里他觉得能理解这个人的选择。

晨昏，看着乡下的人们辛苦地劳作，敝衣粗食，却无知无觉地笑着、活着。元新头脑里一直在思考着一个古老的问题：人为什么要活着？为什么农村生活很辛苦，但人的精神却很快乐？

回头再看，这大概是元新成长过程中一次严重的精神危机。从此以后，元新对于生活的意义、人生的幸福模模糊糊地有了与世人不同的理解。

在学校美术专业任教的两年多时间里，吴元新给学生们上图案设计课，他将蓝印花布纹样设计纳入课程，教学生临摹蓝印花布优秀纹样，创作新作品，传承民间艺术。对此学生们很欢迎，反倒是有些同事颇有微词：都什么年代了，吴元新还给学生教这些早被淘汰了的古董!

这也难怪。因为20世纪80年代中期全中国正在学习西方，许多搞艺术的人都漂洋过海，到西方去取真经，大家觉得西方的东西才是最先进、最值得模仿的。

但系主任张志安始终没有提出异议，他放手让年轻教师发挥各自的特长去教育学生，赢得了师生的好评，他以宽广的胸襟、人文的关怀默默支持各个教师的工作，美术专业的师生们都十分尊敬这位陶校美术专业的创始人。现任南京艺术学院博士生导师、《美术与设计》杂志主编的李立新教授，也是吴元新的学长，留校任教期间曾教授过他，李老师主讲的“平面构成”、“色彩构成”等课程使吴元新第一次了解了西方现代设计的信息。那时张志安、洪锡徐、陈建平、蒋新安、俞刚、蒋培、刘超等老师的教导令他终身受益。

现任镇江高等师范专科学校美术系主任蒋纯利、扬州职业大学宣传部部长盛亮明都是吴元新的同班同学，担任过班级团支部书记和副班长，给吴元新留下了很深的印象。

自打在印染厂跟师傅下乡收藏蓝印花布纹样时开始，吴元新就一直没有中断过对蓝印花布的收藏，除了在部队的那两年。在宜兴上学和教书期间，也是利用寒暑假到乡下收藏蓝印花布。

一年后，校领导找吴元新谈话，学校准备送他去中国人民大学师资研究生班学习管理。去人大进修，就意味着回来后吴元新的工作重点是做行政工作。吴元新并没有过多考虑就做了决定：不去。对吴元新来说，放弃设计和收藏蓝印花布转而做全职行政工作是不可能的。

1986年，南通市旅游工艺品研究所筹建时，相关领导找到吴元新，想把他调到研究所里。如果到了研究所，就可以全身心搞蓝印花布的研究、开发和创新，很符合吴元新对于自己职业的理想和憧憬。何况这里离启东老家也近，还可以照顾父母亲。

学校起初不同意放人，但吴元新去意已决，一年之后达成的协议是吴元新可以先去南通的研究所报到工作，但必须再返校给学生上课一学期。学校所提出的要求也得到南通市旅游工艺品研究所领导的支持，第二个学期吴元新才安心地回到研究所。

这样，工作调动到南通，更方便吴元新到启东乡下收藏蓝印花布了。慢慢地，吴元新的蓝印花布藏品越来越丰富。这些藏品极大地提高了吴元新的鉴赏力，他在以后的设计工作中从中汲取了源源不断的灵感和素材。

第五章

渐入佳境

新 婚

小时候住在元新家斜对面的那户人家有个女儿，比元新小一岁，他们既是玩伴也是同学。两家大人彼此开玩笑地以亲家相称。后来元新父亲生病，两家也相互照应，元新15岁初中毕业后就开始下地参加劳动，而邻居的阿妹则继续上了高中。

当对方高中毕业下田劳动时，元新已工作了，就这样阴差阳错，以前的玩笑话不好再提。另一方呢，也没有主动再提起这个话头。毕竟人家是女方，没有赶着主动提亲的道理。

两个孩子的年龄就在岁月的蹉跎中一日日大了。后来元新去了印染厂，当兵，再回厂，参加高考上学，留校当教师，调到南通搞设计，一晃就到了27岁。而邻家的那个女孩在23岁那年就结婚了。元新听到消息，心中也有过无限思量吧？这一点，局外人当然无从得知。

元新踏实能干，其实这些年提亲的人也不少，父母催促得也紧。也许是缘分未到，竟都没成。母亲是个闲不住的人，退休后还到电影院门口卖茶水，一分一分地攒了些钱，并在老家买好了给元新成亲时盖新房的建筑材料。

27岁的元新刚到南通市旅游工艺品研究所工作，有人就介绍了一位研究所搞刺绣的姑娘。她跟元新同岁，端庄文静。据说她找对象只有一个条件：要找个搞工艺美术的同行。

第一次见面，彼此印象不错。

终身大事，自然要慎重。见过面后，元新又托同学私底下打听姑娘在

吴元新结婚时的全家福

单位的口碑，同学很快回复了："这个姑娘稳重得很，从不说别人是非，也从没任何人讲她的不是。"元新从来不喜欢是非浅薄的女孩，听了同学的话，自是称心。

很快元新带着姑娘去启东见自己父母。姑娘生得端庄大气，虽不大爱说话，但爱笑。元新父母见了很喜欢。既然男女双方两情相悦，还等什么，不久两人就结了婚，一切都显得那样自然。那一年是1987年。

刚结婚时，房子很小。那时候冰箱也还不大容易买得到，索性也不买了，反正买了也放不下。

元新还是老习惯，每个周末搭乘班车去启东收购旧蓝印花布，顺便去看父母，天黑才又搭班车回到新婚的爱人身边。

收到精品，拿回家两人一起欣赏。新婚燕尔，这种志同道合的感觉非常甜蜜，当时研究所效益也好，生活上没什么压力。回忆起来，这是他们一生最幸福的时光。

屋子小，多年积下来的蓝印花布又挤占了不少地方，为节省空间，两人也没买茶几，而是用蓝印花布堆叠成茶几模样，上面垫一块纸箱板再盖上一块漂亮的蓝印花布，倒也别致。房间已经太挤了，元新还不停地从乡下收来蓝印花布堆放在家里，妻子虽然有时免不了也要抱怨几句，但元新收来的蓝印花布，她还是洗呀、熨的，帮忙整理。

在后来的漫长岁月里，事实证明吴元新娶了一个好妻子。她正直、贤惠、沉稳，不爱唠叨，永远一副不慌不忙的样子。在吴元新辞职筹建蓝印花布艺术馆的艰难岁月里，她从无怨言。艺术馆成立之后，她跟着吴元新起早贪黑地在艺术馆工作，吴元新出差时，她也能独当一面，接待观众，管理馆里的日常事务。她使吴元新有了一个温馨安稳的家，并生了一个乖巧、聪慧的女儿。即使在最困难的日子里，她还是那样一心一意地信赖着丈夫，并不因生活的压力而忧形于色。她让吴元新踏实、安心地追求自己的梦想和事业。按照中国传统相面术，从她的鼻头和下颌来看，她是个有着旺夫命的女人，娶她的人会很幸运。

进入创作高峰

在研究所工作的这段时期，除了启东的那家元新原来工作过的蓝印花布印染厂之外，南通市区的几家蓝印花布印染厂也慕名请元新设计蓝印花布纹样，其产品都是出口日本。

虽然在宜兴念书期间，吴元新的蓝印花布纹样设计中就大胆吸取了彩陶、剪纸等民间艺术的元素，受到客户的欢迎，但那时他的设计毕竟还处在朦胧的探索阶段。

到了研究所，没有了繁忙的行政事务，也不用给学生上课了，新婚后的吴元新感情也有了归属，心里感觉非常踏实沉静，开始全身心投入到蓝印花布设计当中。

南通市旅游工艺品研究所有30多人，其中搞设计的近10人，另外还有些人是搞制作的。研究所人员专业各不相同，有从事漆画的，也有从事木

雕、刺绣的，大部分则从事扎染（绞缬），产品出口日本，吴元新因此有机会大量接触刺绣、剪纸、木版年画等民间工艺美术。

在开阔了眼界的同时，吴元新渐渐悟到在某种层面上民间艺术都是相通的。

这时候，在设计蓝印花布纹样时从其他传统工艺纹样中吸纳艺术养分，并将其融会贯通，成了吴元新自觉的追求。通过不断创新，这段时期，吴元新在蓝印花布的设计中形成了自己独特的风格。

1988年，吴元新设计的蓝印花布壁挂、服装、包等旅游工艺品在中国民间工艺美术博览会上荣获轻工部奖，获得3000元奖金，在当时这可是一笔不小的数目！当然也少不了要拿出一部分与同事们共享。

吴元新继续大胆创新，采用先裁版再印染的工艺流程定位制作的旗袍花型在第二十二届全国旅游工艺品展览会上，又获优秀奖。

研究所的经济效益主要靠扎染（绞缬）产品，这些产品被日本人大量买去做和服面料，效益很不错，因此可以使所里各个专业的设计人员得以无忧无虑地从事艺术创作。时任中央工艺美术学院装饰艺术系主任的袁运甫先生是南通人，为了帮助家乡培养艺术人才，他承诺每年可以给南通的艺术家留几个中央工艺美术学院的进修名额。吴元新所在研究所每年也能分到其中的一个名额。

吴元新当然也想去进修。但是此时女儿已经降生了，自己要是一走，妻子女儿谁来照顾呢？妻子却表示：只要有进修的机会你就放心走吧，家里不用你操心。

1989年，机会来了，元新告别了妻子和1岁的女儿到了北京。

人在北京

元新在中央工艺美术学院进修时，院长张仃的讲座《民间艺术的一点之美》让他茅塞顿开，大受启发。

在民间每逢喜庆节日，人们有在蒸馒头时在馒头上面点一个红点的习俗。张院长的讲座就由此展开，阐述了生长于民间的工艺美术的质朴、健康、活泼的特质，流露出他对民间艺术的激赏。

吴元新听了，犹如醍醐灌顶，内心非常激动。此前他没想到他所钦佩仰慕的艺术大师们对民间美术也是这样看重和推崇。一下子，吴元新看到了自己多年来收藏、整理、研究、开发蓝印花布的意义所在！

班里一起进修的同学大多是高校教师，专业各不相同。其中李伶来自安徽师范大学，壁画、雕塑方面造诣很高；朱光临来自山东艺术学院；马玉华来自敦煌艺术研究院。吴元新与他们三人关系最好，四个人经常一起活动，彼此之间交流很多，进一步开阔了吴元新的眼界，激发了他的灵感。吴元新的思想和艺术素养在这段时间得到了全面的提升，一个更为广阔的艺术世界在元新眼前徐徐展开。直到今天，当年结下的深厚友谊并没有随岁月的流逝而消失，他们四人之间一直保持联络，仍然关注着彼此生活和事业中的变化与发展。李伶已于8年前定居美国，其他两人还在原来的

1989—1990年吴元新在中央美术学院学习时的作业

1989年吴元新在中央工艺美术学院学习

学校和研究院工作，现在都成为单位的业务骨干。

吴元新还想再深入学习一些理论知识，更系统、全面地提高自己。于是，在中央工艺美术学院的第二个学年他又考入了中央美术学院专科班学习，同时继续进修中央工艺美术学院的课程。

两边上课，两份功课，时间真不够用啊。他在学校边租了个房子，这样可以不受学校作息时间的限制，便于晚上学习。寒假、暑假他都没有回去，妻子写信叫他安心学习。他果真就像一个没有家室拖累的单身青年一样全身心地投入学习。不能不说这是男人的优势。一离开家庭，他们很快能融入新的环境，大多数时间能够了无牵挂地学习工作。

渐入佳境

这时候的吴元新在创作设计时能够从更高的层面上去看、去想、去把握。对于整个民间工艺的理解提升到了全新的境界。设计起来，得心应手，挥洒自如。

班里的同学和元新一样都是富有工作经验的成年人，比起那些从没有出过校门的在校生，他们更明确自己的学习目的和工作需求。民族文化宫、北京各大博物馆、美术馆，哪里有展览，他们就结伴去哪里观摩、学习。吴元新的艺术鉴赏力和视野得以迅速提高和开阔。

像大多数艺术家一样，当时30岁的吴元新，创作状态极佳，才思泉涌。不同专业的同学间的交流更给了吴元新很多的艺术灵感。这时的吴元新设计蓝印花布产品时已从蓝印花布传统的牡丹、蝴蝶图案中走出来，撷取了更多的中国文化的素材，使之更贴近现代人的审美标准。同时他还在传统的蓝、白二色中大胆增加了浅蓝色。他创作的壁挂《敦煌飞天》，画面充满了流动的美感；吸收中国画的表现手法创作的《仿古彩陶》，意味悠长；他还把半坡彩陶图案搬到了蓝印花布上。毕业设计期间，吴元新完成了全国旅游工艺品蓝印花布壁挂系列的设计，创作设计了《纺织图》、《奔马图》壁挂，其中《纺织图》后来在1999年全国民间工艺品博览会荣获金奖，这些作品多年以来深受国人和外商的喜爱，经久不衰。

《仿古彩陶》、《敦煌飞天》蓝印花布壁挂在江苏省第三届轻工美术设计展评会分别荣获一等奖和二等奖。

有一天，中央美院民间美术系杨先让老师在讲课中讲到民间艺术中的蓝印花布，元新突然动念想测试一下蓝印花布产品在工艺美院这样的高等学府受不受欢迎，假期回家时，他带回了几大包自己设计制作的蓝印花布玩具、挂饰和包，请工艺美院的小卖部代为销售，一个礼拜，带来的产品全卖光了。这个发现让吴元新对自己的设计能力及蓝印花布产品在国内的市场充满了惊喜！

如果你有机会接触到吴元新，你不难发现：吴元新一方面是一个才华洋溢、淳朴脱俗、追求完美的艺术家；另一面却又是一个朴实忠厚、吃苦耐劳、脚踏实地、聪明机灵的实干家。其处世温润如玉，做事思虑缜密。

在他身上你看不见很多艺术家那种狂放不羁、以自我为中心的特点，

吴元新作品《敦煌飞天》

吴元新作品《仿古彩陶》

江蘇省第三屆輕工美術設計展評會
獲獎證書
吴元新、[illegible]同志：
您設計的 [illegible] 經江蘇省第三屆輕工美術設計展評會評比，榮獲[illegible]獎，特頒此證，以資鼓勵。
江蘇省輕工業廳
一九九一年六月

1991年吴元新作品获奖证书

他也不像大多数质朴忠厚的人那样拘谨。他就那样诚恳、周到、认真、耐心、机警地生活、工作着，怀着梦想和天真，带着宽容和幽默。

由国家博物馆收藏的吴元新的蓝印花布双鱼壁挂，最能表现他的生活态度：一个成长于社会底层的艺术家，其内心始终对世间万物怀着脉脉温情，对生活充满孜孜追求。

坚守蓝艺

元新从中央美术学院毕业了，终于可以回家了！他已经有一年时间没有见到妻女了。到了家门口，一眼就看见3岁的女儿正坐在台阶上剥豆子吃，身上穿着黄底黑点的小衣服。听见元新叫她名字，她抬起小脸，眼神迷茫地看着爸爸。可以看得出她小脑瓜里正费劲地思索着：这个人是谁？

1991年初，元新从北京学习归来后，有同学看中了元新的设计能力，希望与元新合作成立广告公司。

元新在研究所的工作是弹性工作制，如果有心要私下里做广告生意倒也方便。有个同学就是这样干的，很快就用赚得的钱将家里装修一新，并买了一辆摩托车，当时能买得起摩托车着实令人羡慕。他脖子上挂着粗粗的金项链，骑着摩托车来看元新。

元新有些心动，但再一算时间，平日要搞设计，假期还要跑乡下去收蓝印花布，哪里再有时间做广告生意赚外快？于是婉谢了。同学不死心，又找元新妻子，希望她帮忙吹风，这当然更是白费力气。妻子觉得现在夫妻团聚，日子过得蛮好的，别人穿金戴银，与她有什么相干！她并不羡慕。她是个从不给自己丈夫施加压力的女人。

元新建议所里成立了一个蓝印花布分厂，他把社会上懂得蓝印花布印染技艺的人员聘请过来，以便及时把自己设计的图案纹样进行小批量生产，然后投放市场。

在设计中吴元新汲取了民间传统艺术精华，应用民间纹饰创作了一批价格低、民族特点强、蓝印艺术效果浓厚的旅游品投入市场。可以说，这个小小的蓝印花布厂的创建、运作、管理，为元新日后创办南通蓝印花布艺术馆提供了极其宝贵的经验。

同时，吴元新还大范围地收集散落在民间的古旧蓝印花布，从它们的纹样、刀法、布质、款式，研究它们的历史、产地、工艺，总结其丰富的人文美学价值和实用经济价值。

第六章

艰难奔波的岁月

父亲去世了

1995年时，南通旅游工艺品研究所已扩展到80多人，此时出口效益已赶不上20世纪80年代，但尚能维持。研究所的房子是古建筑风格，也算当地一景。斜对面的一个单位发展很快，年产值达到1个多亿。由于业绩好，其厂长兼任上级领导，是南通旅游工艺品研究所的直属上司。这个领导看中了研究所的房子，提出由这家单位兼并南通旅游工艺品研究所，开出的条件是兼并以后，将大力扶持研究所的发展，把工艺产品的开发搞得更好。

兼并研究所之后，并没有开会部署吴元新他们的项目下一步的工作重点，种种迹象表明一切并不像兼并前承诺的那样好。吴元新心中有隐隐的担忧，而且这种担忧开始与日俱增。

吴元新开始认真地考虑万一对方失言，如果蓝印花布的设计制作项目被砍掉的话自己将何去何从。也就是从这时起，吴元新有了辞职办蓝印花布艺术馆的想法。一向跟父母无话不谈的元新跟父亲吐露了自己的想法，父亲毫不犹豫地表示支持，多年以来，他对自己的儿子一直是无条件地信任，在他看来，儿子无论做什么都可以放心，儿子做的事永远是对的。父母还说如果元新租房办艺术馆，他们可以将老家空闲的房子租出去，拿出租金支持元新，同时把自己准备的养老钱也全部给了元新。

正在此时，一直患有糖尿病的父亲的病症突然严重起来，出现糖尿病并发症的症状。母亲带着父亲到南通住院治疗。

治疗了一段时间，病情被控制住了，母亲和吴元新都放下心来，父亲

吴元新的父亲吴静高（1929—1996）

的精神似乎也恢复了，有时候还能跟吴元新聊聊天。

父亲的病情稳定了，他要求回启东老家，带着在南通做医生的表姐夫和表姐配好的药，元新送父母回到启东，看看暂时没什么大问题，就自己先回南通了。在启东老家每天由医生上门给父亲输液治疗。

一周后，元新突然接到母亲的电话，说父亲应医生建议在床上掉换卧床的方向时，侧身的瞬间因胸积水压迫到心脏，不省人事了。这个消息如晴天霹雳，把元新打蒙了，心里有一种强烈的不祥预感。于是他赶紧给妻子打了电话，让她带上女儿马上动身，三人一起赶往启东。所领导派了车，并派工会主席随车陪同吴元新一家回启东。

虽然元新心里已经焦急得喘不过气来，但同时却又怀抱着一线希望：但愿父亲这次跟上次一样只是暂时昏迷过去了。南通离启东只有100公里，但那时的公路不像现在这样好，尽管司机开得已经很快，路途上也花了两个多小时。由于道路颠簸，女儿一路上吐得一塌糊涂，小脸蜡黄蜡黄的。但此时此刻，大家已经无法顾她了，只是在县城一个小店铺前停留了一下，匆匆买了一件衣服，将她吐脏了的衣服给换了。

到家了，元新顾不得别人，自己先冲进屋去，看见父亲已经被停放在灵床上！他眨了眨眼睛，不相信这是真的！突然间，元新跪在灵床前，迸发出撕心裂肺的哭声。

父亲是个寡言少语、心灵手巧的人，他老实、本分地度过了一生。而今，他沉默地离去了，带着对人世的无限眷恋，对亲人的不尽牵挂，没留下只言片语。想起父亲一生所受的劳苦和委屈，元新肝肠寸断。

父亲进入老年以后身体不好，但他还是闲不下来，想方设法地干些力所能及的活计赚些钱以补贴家用，父亲固执地认为儿子在南通城里的生活开销大，他能靠自己的双手挣一点是一点，不给儿子增添负担。

从小到大，父亲对元新从不曾说过一句重话，给元新的只是信任、支持和无尽的爱！现在父亲走了，世上最疼爱元新的那个人去了！元新的眼泪滚滚而流，沉重的悲伤像山一样压在心上！父亲去世时67岁，时间是1996年1月7日。

元新在老家料理完丧事，厂里打电话过来，说让他尽快回去，厂里对他的工作有新的安排。

元新赶到厂里，厂里通知他领导们最后决定停止蓝印花布项目，元新要么做厂里的设计室主任，要么改行负责其他工作。果然元新的预感应验了。但真到了这一步，对于幻想着也许还会有一线希望的吴元新，还是打击沉重！

此时的吴元新面临要么留下来转行，要么辞职的抉择。如果留下来，已经在蓝印花布收藏、设计、制作上花费了所有心血的吴元新就必须转行；而如果为了有薪水保障的稳定生活从此选择丢弃蓝印花布，对于元新来说无疑是难以忍受的。

痛苦中，元新终于彻底下了决心：辞职！用自己多年的蓝印花布收藏品办蓝印花布私人艺术馆，以自己设计、制作的蓝印花布产品的销售收入维持艺术馆的运行。

熟识的朋友没有一个支持他这个想法，多少官办的艺术馆都难以维持，你一个私人也想办艺术馆，简直太大胆了！

此时，元新的同学徐敏也已结婚，岳父是南京艺术学院的教授，妻子也在南京艺术学院教书。他的装饰公司这几年经营得很好，徐敏希望元新跟自己一起干。他一直认为如果吴元新跟他合作，他们将是一对天衣无缝的好搭档。

元新拒绝了，他无法半途而废，放弃心爱的蓝印花布。徐敏觉得元新一心要搞蓝印花布的想法迂腐可笑。渐渐地，两个昔日无话不谈的好朋友变得话不投机，心照不宣，自然也很少碰面了。

创办蓝印花布艺术馆需要一大笔启动资金，父母的养老金、老娘卖茶水攒的钱，加上元新夫妻手头的积蓄还是不够，元新还要多挣些钱才行。

艰难奔波的岁月

每个周末，元新和妻子各推着一辆自行车，每个车后架上驮着两个大编织袋，编织袋上面还骑坐着小小的女儿往南通港方向走去。

编织袋里面装的是吴元新设计制作的蓝印花布玩具、饰品、挂件，是在上海开蓝蓝社的日本人久保麻莎订的货。

从家里到南通港是半小时路程，为了能省下几块钱的车费，夫妻俩都是用自行车将货物运到港口，然后把车寄在停车处。

晚上10点开船，如果买到的是四等票，就可以在船上睡一夜，早晨四五点钟船到达上海后，船客们也可以在船上继续睡到6点钟下船。

妻子只能送到船边，没有船票的人是不允许上船送人的。她在船下眼睁睁看着吴元新将两个大编织袋在船甲板上吃力地腾挪，心中不忍。

好在金牛星座的妻子平日里是个情绪极稳定的女人，并不做无谓的多愁善感状。也许正因为妻子的平静才使丈夫可以放心地离开，免去又反过

吴元新作品 小玩具（1）

吴元新作品 小玩具（2）

来要为她牵肠挂肚。

船到了上海，吴元新又慢慢地将两个大编织袋移出码头，搭乘公共汽车。在繁华的大上海，带着两个鼓鼓囊囊的大编织袋的吴元新活脱像一个卖力气为生的乡下人。谁能想到他是一个荣获好几次全国优秀设计奖的设计师呢？

有两次在码头上，有几个混混盯上了流着大汗，正挪动着编织袋的吴元新，非要帮他拿包，敲诈他。势单力薄的他也颇识时务，选择了破财免灾。吴元新这个人面相老实，但脑瓜机灵，属于诚实而聪明的人。

送完货，到晚上10点再搭船回南通，既省时间又省钱。

如果买的是五等票，那就只有坐一夜了。过道上、扶梯旁、底舱里，垫张报纸随便坐。坐久了，熬不住，就横下来睡一睡。买五等票的大多是些贩鸡、贩蛋、贩海鲜到上海赶早市的小贩，吴元新就夹杂在他们中间。

从上海回到南通后，吴元新又开始设计制作下个礼拜要送的货。几年间，吴元新就这样周而复始地往返于南通和上海之间。一点点地积累开馆的资金。

红眼病

辞职后，吴元新到处找能适合办蓝印花布艺术馆的房子，一则资金太少，二则艺术馆还对周边的文化氛围有些要求，几天下来，一无所获。

困境中，吴元新找到南通市文联，请求帮助，要求蓝印花布艺术馆挂靠到文联下面，心想有个组织，也许办起事情来会顺利些。

时任文联主席尤世玮、副主席陈云很关心此事，认为蓝印花布是南通民俗民间艺术，是民间文艺家协会的一个门类，同意挂靠，但协议中规定自负盈亏。

吴元新一听自己被允许挂靠一口应承。私营艺术馆能找上政府娘家，

1996年11月28日，吴元新承租南通纺织博物馆房屋筹办南通蓝印花布艺术馆

感激不尽。

这下子，蓝印花布艺术馆也算是有了上级主管单位。后来，文联出主意租用纺织博物馆的空闲房屋。纺织博物馆负责人对这个项目很有兴趣，认为博物馆的房屋出租给吴元新既有房租收入，又丰富了馆内展示品种，可谓一举两得。

1996年11月28日，纺织博物馆与吴元新签订了三年出租合同，把纺织博物馆仿古街染坊租给了他。

吴元新高兴得一夜没合眼，辗转反侧，脑海里都是筹备中的蓝印花布艺术馆蓝图。第二天他就挂出了南通蓝印花布艺术馆筹建处的牌子，现场演示蓝印花布制作的各道工艺流程。表演吸引了大批参观者，蓝印花布艺术馆成为纺织博物馆内的一个亮点。

很多参观者看完后就掏钱买些蓝印花布制品做纪念，照这个势头发展下去，蓝印花布艺术馆就能维持得住。虽然筹建工作非常疲累，但无限的希望仿佛在元新面前徐徐展开。每天早晨一起床，吴元新就觉得精神抖擞。

没有料到的是纺织博物馆的领导和职工看见观众掏钱从吴元新手中

买蓝印花布纪念品，眼红得厉害，内心无法平静。他吴元新不就是个体户吗？他都能赚钱，凭什么我们自己不赚这个钱？肥水怎能流外人田？

纺织博物馆于是筹划了一个蓝印花布展厅，随后他们从外面弄来一些蓝印花布相关产品，就在吴元新艺术馆筹建处的对面开张。

接着纺织博物馆负责人还通知吴元新只能搞展览不准搞销售。同时，馆内导游带领客人参观时绕开了吴元新的蓝印花布艺术馆的筹建处。这种抄袭行为，对方做起来竟也理直气壮、心安理得。

虽经多次交涉，但因为是双方经济利益冲突，明摆着矛盾无法调和，事情只能以势单力薄的吴元新退出而告终。

吴元新这次受到的打击太大了！为筹集艺术馆全家人投进去的气力、多少个劳心劳力的日日夜夜、母亲摆摊卖茶水挣的钱、吴元新每周去上海送货赚的微薄的辛苦钱……全部白搭进去了啊。思来想去，吴元新心绪难平。

此后好几天，吴元新把自己关在家中，心情郁结。

歧　路

一个需要养家糊口的中年人，是没有资格纵容自己长吁短叹地消沉。

回忆起蓝印花布产品在纺织博物馆里受观众欢迎的情形，吴元新内心又升起渺茫的希望。他要重新开始积累资金！手头既然已经有那么丰富的蓝印花布藏品，这个蓝印花布馆还要再找合适的场所继续办下去！

几天以后，吴元新又带着装满着蓝印花布新产品的几个大编织袋，上了去上海的船。

不知不觉地，吴元新在船上迷迷糊糊靠着编织袋睡着了，蒙胧中，有人叫他。睁眼一看竟是许久不见的黄师傅。

黄师傅在蓝印花布印染厂效益开始变差的时节，就敏锐地判断出蓝印花布已经变成了咸鱼骨头，没什么肉了。于是果断地改了行，离开了印染厂，自己做生意去了。

他前后办过尼龙衫厂、羊毛衫厂、长毛玩具厂等。总之，社会上流行什么他做什么，这些年来东奔西跑，没停顿过。

碰到吴元新时，黄师傅说他正在代理一种可治很多病的日本高科技床垫，效益不错。

元新自17岁就在印染厂跟着黄师傅，吴元新收藏蓝印花布，就是受黄师傅的影响。在印染厂的那些年里，黄师傅不但教元新技术，对元新的思想和生活黄师傅也很关心。就连师娘对元新也不同于别人，任何时候去黄师傅家，元新都受到师娘真诚的款待。

在元新眼里，黄师傅勤奋、头脑灵活、交际广泛，看问题也很敏锐，元新一直很崇拜黄师傅。可以说，在元新的青少年时代，黄师傅是对他影响最大的人。

元新成家后，两家走动得还很勤。黄师傅的儿子要考美术专业，元新将其接到自己家里吃住，亲自辅导他考上了南通师范学院美术专业，毕业后当了美术教师。

现在，黄师傅看到元新要这样辛苦谋生，痛心不已：我不是早就跟你说过蓝印花布已经是咸鱼骨头了，咂咂有点滋味，其实没有肉。跟我销售高科技床垫吧，钞票来得快！黄师傅下决心带昔日的徒弟一起走上致富之路，他一直真心疼爱这个徒弟。

以黄师傅的机灵和世情练达，他很看好元新：做事有激情，能全身心投入，不怕吃苦，还能持之以恒。这些品质正是成功地从事销售所需要的！元新若是能拿出学习蓝印花布刻版的劲头来做销售，肯定能成功。

黄师傅帮着元新把货送到久保麻莎开的蓝蓝社后，立即带他去听床垫销售的培训课。一路上还在开导他：“你看你这么辛苦跑一趟上海，才挣几块钱？我卖一个床垫，就能挣1000多块呢！”

听完培训课，元新的心被深深打动了：如果销售床垫真像他说的这么赚钱，我就能很快地挣到钱，攒够开蓝印花布艺术馆的钱！然后我要把父母养老的钱还给母亲，还能挣出孩子将来受教育的钱，他越想越美。

黄师傅跟元新说："我知道你现在没钱买产品，我可以先给你垫钱，等你赚了再还。"

性格热情、容易激动的元新当即答应了黄师傅。是啊，这么好的事，还犹豫什么呢？干吧！

回到南通，激动的元新将自己的打算跟妻子说了。完全没有料到的是，妻子的反应非常冷淡，作为一个冷静、理性的人，她不相信有天上掉馅饼的好事。劝元新还是继续做蓝印花布。

元新没有听。他是个做事满怀热忱、非常投入的人。既然已经答应黄师傅了，他还真干上了，每天兴冲冲地拉别人一起去听课，给别人介绍产品，忙得不亦乐乎！

妻子坚决不去听课，当她听吴元新介绍讲课的内容时，就觉得这些煽情的内容简直太肉麻了，怎么听都像是传销嘛！因此越发认定这根本不是赚钱的正道。

妻子性格淡泊，与世无争。妻子经常说的话是：钱够用就行了，要做得那么辛苦干啥。妻子也不管家里的财务，对元新是一百个信赖。你要开蓝印花布艺术馆，随便你，反正家中就那么多钱，你自己看着筹划吧。艺术馆几个月没有赢利，妻子也不抱怨着急。

凭心而论，能娶到不扯丈夫后腿，给丈夫百分百的自由去折腾的妻子，就是想做事业的男人的运气。有人说，哥伦布要是结婚了，就不会发现新大陆。他要出门航海，妻子必定会问他："你去哪儿？干吗去？啊！太危险了，不许去！"如此纠缠，如何出得了门！

无论丈夫做什么从不干涉的她，这次却态度坚决地反对元新做销售。她太了解元新了：丈夫本质善良、厚道，跟人打交道时，总怕对方吃亏。

吴元新和妻子宋晓鑫的合影

这样一个人，只能踏实本分地谋生，哪里是那种忽悠别人买东西的人！

眼看吴元新执迷不悟，夫妻间爆发了相识以来最严重的争吵。

元新虽然嘴上跟妻子争辩，但内心也隐隐明白妻子说得不无道理。渐渐地他清醒了：这个销售并不像黄师傅说得那般简单！讲课的人说什么“我的祖母本来身体不好，走路都是颤巍巍的，自从睡了这种床垫，现在白头发都变黑了”。这怎么可能！一个床垫怎会有那么大功效？如果让别人买回家没有效果，岂不是害了别人？另外，吴元新毕竟也厚不起脸皮找自己亲友推销。更何况，像他这种厚道老实的人还真无法像别人那样，张口瞎编，把个床垫讲得神乎其神。

也许妻子说得对，我这辈子就是个踏踏实实做蓝印花布的命！想明白了，吴元新就老实跟黄师傅说自己打算退出了，还是回去做蓝印花布。

黄师傅太失望了！你吴元新的脑子怎么就这么不开窍呢！放着现成赚钱的事情不做，非要回去啃咸鱼骨头！激愤失望中，黄师傅说了些刺激元新自尊心的话语。双方这次是真伤了感情。

黄师傅后来真的发了财，黄师傅的儿子也辞去了教师工作跟着黄师傅一起做。他们家买了车，也买了房。再后来，黄师傅一家就用所挣的钱做资本到南京开了饭店。

自从那次不欢而散之后，元新和黄师傅再也没见过面。只是元新时常会想念黄师傅，想着做徒弟时黄师傅待自己的好，当兵时黄师傅给自己写的信，每封信里都称自己为“爱徒”，这一切都让他怀念和心痛。但若是真与黄师傅见了面，彼此现在又能谈些什么呢?

黄师傅偶尔也会想起元新吧，看到元新把“咸鱼骨头”做成了国家级文化遗产，心底里也会为自己的徒弟感到骄傲吧。毕竟是黄师傅带元新走进了蓝印花布的世界，他积累多、见识广、经验丰富，特别是他的敬业精神、刻苦钻研精神永远地影响了吴元新，在元新成长之初，黄师傅就是元新的人生导师。

蛇 馆

夜晚，没有工资收入的吴元新在灯下裁剪缝制玩具，挣些钱除补贴家用外，主要积攒下来作为办艺术馆和参展的费用。白天，他骑着自行车，到处找可以建馆的地址。妻子每天照旧上班，她是个达观之人，丈夫辞掉了工作，办艺术馆之事亦无效益，她并不张皇失措。出于男人的尊严，吴元新也从不向妻子流露自己内心的焦虑和无助。

奔走了几天，吴元新看上了南通文峰塔的底层。当时里面堆积着废弃物，完全没有被加以利用。这里文化氛围浓，市口也好，做艺术馆很合适。文峰塔归王个移艺术馆管理，于是吴元新找到王个移艺术馆馆长，希望对方将这个地方租给他。

馆长问：“租下后你准备装灯吗？”吴元新说：“当然要装灯。”馆长一听，立即拒绝了：“万一电线碰火，把文峰塔烧毁咋办？这个塔可不能毁在我手里！塔要毁了，我这馆长还当不当？”吴元新举出西安大雁塔

底层也是出租出去经营的，但这也不能打动这位馆长。吴元新后来一想馆长说的话确实也有道理，就继续找地方。

看上的地方租金都太贵，租不起。

最后吴元新找到文峰公园，在公园深处偏僻的地方，有个97平方米的蛇馆，因经营不善，蛇馆主人正要退租。一年租金1.8万元，这个价格吴元新勉强能够支付，地点虽然不理想，他还是决定租下来。

惯于在阴暗、潮湿的地方爬行的蛇尽管被迁走了，但蛇们在房间里留下一种说不出的气味，非常难闻。吴元新已经顾不得这些了，他和请来的瓦匠一起将原来养蛇的水泥池全部敲掉抹平，买来油漆把墙和窗户粉刷了一遍，添置了几个别人淘汰的柜子。

当时装一个单位电话就要5500元，考虑到艺术馆的发展以及今后登记和查号的需要，这笔钱无论如何不能省，吴元新一咬牙，“装！”唉，这笔钱需要在灯底下缝制多少个玩具才能赚出来啊！

场馆装饰好了。吴元新品味高，很会布置环境，再加上蓝印花布本身装饰性极强，小小的蓝印花布馆看上去雅致幽静，很有艺术氛围。这一边是“龙凤呈祥”、“状元及第”、“鲤鱼跳龙门”、“喜上眉梢”；那一边是“五福临门”、“松鹤同春”、“麒麟送子”、“二龙戏珠”；被面上有“凤戏牡丹”、帐檐上有“喜鹊登梅”、腰裙上有“吉庆有余”、枕套上有“梅兰竹菊”、门帘上有“富贵满堂”、兜肚上有“长命百岁”、桌布上有“和合二仙”。林林总总的蓝印花布藏品，让人目不暇接。人们走进馆内，但觉世事悠悠，岁月静好。

在1997年5月28日这天，一切布置停当，吴元新放了一串鞭炮，蓝印花布艺术馆又开馆了。

就在第二天，南通日报社记者王霞、江海晚报社记者杨啸洲不约而同地在文峰公园的河边看到一个吴元新立的广告牌子：蓝印花布艺术馆欢迎您。于是沿着箭头方向找过来采访。很快，南通电视台孙星、金曙又来拍了新闻短片，广播电台听说后也来采访。

感谢这些敏锐的新闻媒体人的关注，才使南通人知道了这个艺术馆的存在，那些对蓝印花布怀有情感的人们开始陆续上门参观。

至今，吴元新对这些新闻媒体的领导和记者充满了感激。

转 机

吴元新的蓝印花布艺术馆成立后，希望能领到一个营业执照，找到了相关部门，民政部门人员讲：你这个私人艺术馆领执照要到工商部门。于是上工商局要求登记。工商局不给登记：私人艺术馆，没听说过，你去找文化部门吧。后来还是吴元新找了熟人到工商局说情：如果给登记了，有了销售额，就能给国家纳税，若维持不下去，自生自灭。工商局这才批准登记了。

一年后，艺术馆已经能够维持运转，吴元新非常高兴，在艺术馆成立一周年纪念日，请了工艺美术界、文联、新闻媒体等各界朋友座谈，一则表示感谢，二则扩大艺术馆的影响，希望各界朋友能对艺术馆的发展予以

吴元新工作照

支持。

还没到座谈的时间，就有几个工艺美术界的同行先到了，见面就说抱歉：“我们先过来看看，祝贺一下，马上走，座谈会就不参加了。”

原来，昨天有家蓝印花布厂的领导请他们吃饭，要求他们不要参加吴元新的蓝印花布艺术馆的座谈会。此人在当地的工艺美术界还有点小名气，很多人都不愿意得罪她。

她看到报纸上对于吴元新的蓝印花布艺术馆的报道，甚至还跑到报社大吵大闹：“要报道，也该先报道我们集体厂才对！他吴元新搞个私人艺术馆，算什么事呀！哪里就值得报道了？”

参加座谈会的时任宣传部外宣处处长的吴声和开言：“吴馆长呀，不是触你的霉头，多少国家的艺术馆还办不下去呢！你这个私人艺术馆哪能撑得下去！”他说话倒是直言不讳。照理说，在这种场合说这种话总有些那个，咱中国人做事不就讲究个吉利嘛。大概是他觉得自己是好意提醒，就没有讲究场合吧。

就在这个座谈会上，南通电视台新闻记者来给艺术馆做新闻专题片。后

吴元新晾晒蓝印花布

来这个短片又在中央台《午间新闻》中播放了，在国内引起很大的反响。

1997年至2002年，吴元新又相继成立了蓝印花布明清染坊、服饰车间，并在南通的闹市区成立了蓝印花布展示销售中心。

现在依靠蓝印花布产品的销售，可以基本维持艺术馆的运转了。

看到这一切，又有人分析道：吴元新的蓝印花布艺术馆之所以没有倒掉是因为他把艺术馆建在蛇馆，凡是蛇待过的地方，都百邪不侵，风水特别好。

孝　子

元新是孝子，从很早就有个习惯，一大早起床先给在启东的父母打个电话请安，然后才安心投入忙碌的工作。父母也是每天早晨等着儿子的电话，跟儿子聊上几句，才会心满意足地出门买菜，开始一天的生活。

当元新的父母听说儿子要开蓝印花布艺术馆时，老两口全力支持，他们把自己的一间屋子出租出去，将租金交给儿子，还把自己所有的养老储蓄都拿出来给了儿子，简直恨不能把家里的一毛一分的钱都凑给元新做周转。

建馆前，元新的母亲不顾自己年事已高来南通帮忙，起早贪黑为建馆帮忙整理。

现在父亲已过世，母亲年纪也大了，吴元新将母亲接到南通自己家中一起生活。每次母亲出门过马路时，吴元新都要搀扶着她。

只要跟母亲在一起，母子俩就会有说不完的话，旁人看了也会诧异，这对母子间怎么会有那么多话题呢？元新觉得世间没有什么话不可以跟自己母亲说，陪伴母亲、让母亲开心是他最高兴做的事情；而母亲则很乐意把自己观察到的人情世故、世间百态对儿子评论一番。父亲去世了，能跟儿子闲谈日间琐事，评判人间是非，的确能大大地安慰寂寞的母亲。

母亲虽然已届高龄，但她喜欢干活，双手闲不下来。无论是在艺术馆

吴元新和母亲管惠芳在一起

吴元新同母亲和女儿在一起

里还是家里，只要能够帮上儿子儿媳的忙，她都心甘情愿。母亲生来通达勤快，从来把为家庭奉献操劳视为当然。像许多惯于劳作、内心明净的人一样，到了老年母亲仍然身体健康，明理豁达。也怪了，有了母亲坐在艺术馆里安详地织布纺纱，艺术馆就仿佛有了灵魂，一切都变得鲜活起来。参观的人们看见这个慈爱、安详的老人静静地坐在艺术馆里劳作，恍如岁月倒流，心里就会升起感动，充满了对旧时田园生活的向往和怀念。

岳母大人每年到南通小住几天，看看几个儿女，不管白天去了哪个孩子家，晚上都是到吴元新家住宿，虽然前些年在几个子女中，就数这个女儿的住房最挤。大概是因为元新为人热情孝顺，这个女婿家最温暖。

第七章

斗胆敲门

墙外香

1998年年初，有个台湾的工艺家找到了文峰公园蓝印花布馆。刚好见到吴元新，她很兴奋。自我介绍她是个首饰设计师，名叫粘碧华，这次是受台中文化中心之托，在大陆寻找一位精通传统蓝印花布技艺的专家，去台湾参加“亚太地区编织工艺家交流展”，举办蓝印花布展示活动。经多方打听，在上海的蓝印花布专卖店中听说南通有家蓝印花布私人艺术馆，就一路找来了。

虽然台湾历史上并不生产蓝印花布，但台湾手工研究所中有很多研究人员多年从事扎染和蓝印花布的染织艺术的研究。

粘女士看到蓝印花布爱不释手，提出买些吴元新的蓝印花布产品带回台湾，并邀请吴元新将来去台湾办展览，差旅费用等都由台湾方面负责。吴元新将信将疑。随后，他把相关的简历资料交给了她，就将此事完全忘记了。

过了三个多月，吴元新收到从台湾发来的邀请函，邀请他作为大陆唯一一位染织专家参加这次活动。其后虽然费了不少周折，吴元新总算如期赴台参加了“亚太地区编织工艺家交流展”。他带去的100多件蓝印花布制作的工艺品、服饰，让台胞们大饱眼福。在此次展会上，吴元新的蓝印花布工艺流程的展示和讲解，在台湾的染织艺术界及台湾艺术学院专家和观众中引起了强烈反响。上千份蓝印花布宣传资料在展厅被一抢而光，参展工作人员身穿的蓝印花布服装则令参观者啧啧称赞。虽然规定只展示不出售，但求购者仍然踊跃，无数欲购而不得的观众是带着深深的遗憾离开

吴元新在台湾举办蓝印花布展

场馆的。三天时间，吴元新共接待了两万多名参观者。有位70岁的瘫痪老人，祖籍南通，听说家乡的蓝印花布到台中展出，他便叫家人把轮椅连人一起抬上车，专程赶到展会，见见家乡人，听听家乡话，看看蓝印花布，还硬是请了吴元新展后到他家中做客。

1998年，苏州革命博物馆馆长金年满从《文汇报》上看到对吴元新蓝印花布艺术馆的报道，作为历史上盛产蓝印花布的苏州人，金年满对于蓝印花布一直情有独钟，《沙家浜》中的阿庆嫂在戏里不就是穿着蓝印花布衫吗？阿庆嫂就是苏州人。

有了金年满的慧眼识珠，苏州革命博物馆郑重其事地派人到南通对蓝印花布艺术馆考察了一番，认为其藏品的确很丰富，随后就商谈了在苏州革命博物馆办南通蓝印花布艺术展的合作协议。鉴于吴元新是私人艺术馆，所以免除了其场馆租赁费，所有工作人员都穿上用蓝印花布制作的旗袍迎接参观者，展览经苏州媒体报道后，参观人员络绎不绝。

2000平方米的展厅，不要场地费，而且对方还派车来南通帮忙运送展品，吴元新简直太感激了。主管部门南通文联很支持，派了朱华山副主席

南通蓝印花布在法国举办展览（右）
吴元新在美国举办蓝印花布展览（左）

参加了开幕式。

此次展览在苏州很轰动，头脑机灵的吴元新也乘便联络了狮子林、拙政园等苏州旅游风景区，请对方代销自己的蓝印花布产品。这部分销售利润对于后来维持艺术馆的日常开支起了很大的作用。

从此以后，吴元新一年最多要参加六七个国内外的大型展览会，上海、北京、南京、台北以及美国、法国的许多城市都留下了吴元新的脚印。他开发蓝印花布新产品所得到的经济效益，几乎都用于蓝印花布的宣传、收藏、研究和交流了。他就是拿着自己创新所得到的效益，一次又一次在北京、上海、天津等全国各大城市宣传南通蓝印花布。现在市场经济时代国营博物馆都不愿意参加这种亏本的宣传展示活动，而吴元新每年都要到外地跑几次，有付出总会有回报，随着宣传不断扩大，南通蓝印花布的知名度不断提高。

2001年春，应上海豫园的邀请，吴元新在上海老城隍庙承办“中国南通蓝印花布艺术展”，在一个多月时间里，共组织蓝印花布时装表演128场，接待海内外游客26万人。蓝印花布淳朴、清雅的古风缓缓吹过时髦的

南通蓝印花布艺术馆在上海举行时装表演

上海，吹动了一池春水，展览会因上海观众的要求延期了一周才结束。

日本京都印染专家秋山先生和韩国汉城印染设计师丁基子女士为考察蓝染艺术已跑遍了东南亚，到过中国的湖南、浙江、山东等地。

他们数次前来参观南通蓝印花布艺术馆，与吴元新切磋工艺，交流技法，就拓宽布料、丝绸、麻料制品的印染方法进行探讨。其后，吴元新在工艺上采取了大胆改革，把传统的蓝印技术延用到了除棉布以外的材质上。2002年，三方首次合作的系列作品在南京国际服装节上亮相后，吸引了国内外印染专家的目光，赢得了消费者的青睐。现在，三方又决定合作建立亚洲蓝染振兴研究会，由吴元新任中国蓝染振兴研究会会长。

在民族文化宫办展览

1999年，民族文化宫展览馆的一个主任到南通看过吴元新的艺术馆后，认为如果到北京办展览，一定受欢迎。于是便邀请吴元新到北京的民族文化宫举办一个南通蓝印花布展览，他们可以给吴元新免掉场地租赁

吴元新在北京民族文化宫举办蓝印花布展览（右）
吴元新在民族文化宫蓝印花布展览现场演示工艺流程（左）

费，但其他费用由吴元新负责。

免费去国家级展览馆举办展览，天大的好事情！太愿意了！展览就叫做“南通蓝印花布艺术展”。南通市文联领导尤世玮、冯新民、王法，民协名誉主席张自强先生亲赴北京联系并布置展览，中国民协时任组联部主任的赵光明负责邀请在京民艺专家，并特地邀请中央工艺美术学院老院长张仃为展会题字。张仃去延安投奔革命时，身边就带着一块蓝印花布，曾将其挂在自己窑洞门口做门帘，求学时期也一直盖着蓝印花布做被面的被子。张仃老先生德高望重，且年事已高，他本人一向欣赏民间工艺，对蓝印花布尤具感情，在听了来人介绍的吴元新收藏、设计蓝印花布的经历后，老先生毫不犹豫当场就给题了字。

1999年12月，由南通市人民政府和北京民族文化宫主办，由南通市委宣传部、南通市文联、南通市民间文艺家协会和蓝印花布艺术馆承办的由吴元新收藏设计作品“中国南通蓝印花布展”开幕了，蓝印花布第一次走进了国家级展览馆，这也是历史上迄今为止规模最大、规格最高的蓝印花布展示活动。民间文艺家协会主席、著名民俗学家贾芝等中国民协、全

『富贵长寿』包袱布——中国美术馆藏品（原系吴元新收藏）

国工商联的领导也参加了开幕式。这次展览展示的实物、图片资料有500多件，有许多是明清以来第一次展出的蓝印花布精品，吸引了大批中外宾客、工艺美术界的同行及工艺美术院校的老师和学生前来参观，谁也没有想到有人会坚持多年将蓝印花布收藏做到这等规模，一时间，好评如潮。《人民日报》、《光明日报》等40多家报纸都做了报道。

来参观的很多客人大都不了解蓝印花布，看到蓝印花布，很多人误认为是蜡染。吴元新认真介绍，不厌其烦地一遍又一遍向来宾解释蜡染与蓝印花布的区别："蓝印花布是刻版，漏浆防染，它用的防染浆原料是黄豆粉和石灰粉，刮上浆，待干后染色，然后再用刀把防染浆刮了，它的工艺性更强，一般只有蓝白二色，故称蓝印花布；而蜡染起源于秦汉时期，它是用蜡熔化后用蜡刀或者其他工具，绘制而成，有的经多次上蜡重复染色，特点是绘画性更强，作品色彩丰富。"

来参观的人可真多啊，参观者在一幅幅美不胜收的展品前留恋不去。这一切大大地鼓舞了吴元新。"谢谢！""谢谢！"吴元新逢人就说这两个字，他的感激的确是发自内心。那些日子里，还不到40岁的吴元新只觉得自

吴元新壁挂作品《纺织图》（右）
吴元新壁挂作品《十二生肖》（左）

己干劲冲天，从早到晚给来客解说，每天都沉浸在巨大的激情和幸福中。

这次展会，南通市宣传部和文联不但派人参加，南通市还为此次活动资助了相应的资金。能得到南通市政府部门的大力支持，吴元新很受鼓舞，打心眼里感激。他感觉自己做蓝印花布的劲头更足了。

北京民族文化宫收藏了吴元新设计的《敦煌飞天》、《十二生肖》、《纺织图》以及古旧蓝印花布精品《福寿双全》包袱布。

曲折的路

由于南通电视台、《南通日报》等新闻媒体的报道，来艺术馆参观的人越来越多了，因艺术馆租赁于文峰公园内，他们认为自己是来看蓝印花布的，又不是来游玩文峰公园的，因此不愿意买公园门票。为此，每天都有人在公园门口与工作人员发生争吵。

现在，蓝印花布艺术馆已经作为南通市对外文化交流的一个景点了，很多时候市委领导会带着外地来南通的客人过来参观。而吴元新的藏品也越来

吴元新设计的蓝印花布时装作品应邀参加中国第六届艺术节

越多了，文峰公园里这个97平方米的艺术馆再也没有足够的空间展示它们。

吴元新找到文峰公园相关领导，希望能够与其合作在公园边上建立新馆，谈了半天，双方才搞清楚文峰公园根本没有这个权限。经人指点，又去找文峰公园主管部门濠河风景管理处，后来才知道，其实濠河风景管理处也没有权限，最后只能找市政府了。

自1999年开始，吴元新就给政府部门年年打申请报告，希望政府部门能够在合适的地点批块地，他愿意私人贷款来筹建蓝印花布新馆。

分管南通私营企业的时任副市长罗一民是从省城南京调来的。有一次，罗市长的家人来南通，他们慕名来到蓝印花布艺术馆参观，仔细观看了蓝印花布古旧精品及现代设计作品，认为这个艺术馆是南通最有特色的景点。

2001年10月，中国第六届艺术节在南京召开。吴元新设计的蓝印花布服装在开幕式的分会场进行了时装表演，表演的大幅照片上了《南京日报》、《扬子晚报》等各大报纸头版头条，醒目而漂亮。

罗市长“十一”长假回到南京，看到媒体报道后特地带着家人前来观看艺术节展览。在会场中，他发现代表江苏省地方艺术展示蓝印花布印染技艺的吴元新被怀有极大热情的观众环绕着，这个场景对他的触动很大。南通蓝印花布在国家级艺术节的展览中受到如此欢迎，也许蓝印花布才能真正代表南通的文化遗产，作为南通的城市名片，在社会上也能得到广泛的承认。此时，罗市长更清楚地意识到了这一点。

第二年，他当选为南通市市长，在市委、市政府的关心和支持下，南通市重大项目办公会上决定，同意由濠河风景区管理处下属的古建筑公司承建蓝印花布艺术馆，建成之后，再出租给吴元新。

斗胆敲门

吴元新密切关注着工程进展。看上去工程已经完工了，但建筑公司似乎并没有要马上交付使用的意思。

情急之下，吴元新决定再去找罗市长。

罗市长很忙，吴元新就晚上守候在罗市长的家门口等，再忙的人晚上总得回家睡觉吧。考虑到如果自己站在路灯下等待时间太长，在外人眼里似乎有些形迹可疑，于是吴元新决定坐在出租车里等。

从晚上9点到11点，他自以为眼睛都没敢多眨，毫不懈怠地盯着路口。到底不是受过训练的公安人员，对于蹲点守候一点儿也不专业。罗市长已经回家上楼了，一心守候的吴元新居然没有看见！直到罗市长家窗户上的灯亮了，他才醒悟过来。

怎么办啊，11点多了，现在敲门，会不会太晚？敲吧！吴元新下决心伸出了手。这是一个夏天的夜晚，很热，已回家换了短裤的罗市长来开门，见到吴元新，愣了一下，急忙回卧室换回长裤出来。

敏感的吴元新注意到罗市长已经很疲倦了，心中颇感歉意，但既已至此，还是硬着头皮说了情况。罗市长表示马上就过问此事。

一周后市政府相关部门安排建好的艺术馆按协议交给了吴元新。

新馆开张

离9月24日的南通招商引资“港洽会”没多少时日了。港洽会期间，政府还准备把南通蓝印花布艺术馆作为一个亮点让来宾参观，艺术馆当然应该赶在港洽会之前开馆。

面对着还是毛坯房的艺术馆，吴元新分秒必争地设计装修，直忙得脚打后脑勺。市建委有关领导按惯例要求所有的装修方案必须报他们审核，吴元新因此不停地抽出时间找相关负责人汇报请示。

这天吴元新在市政府楼梯口拿着一卷设计方案图又碰到了罗市长，罗市长说：“吴元新，你不赶紧装修，又跑这里干什么？”听完解释，罗市长手一挥：“时间紧不用再来请示了，要抓紧，方案就由你定。”

对于这样一个五六千平方米的场馆，准备的十几万元的装修费很紧张，看来只有在设计上下功夫了。

艺术馆如期装修完了，凡是来参观的客人都觉得这个博物馆装修设计理念超前，看上去既美观又高雅，而且主题突出。艺术大家韩美林、范曾等来到南通看了之后，也非常欣赏。

对于艺术馆的设计和装修，一向谦逊的吴元新自己也很得意。他学的是美术专业，很多同学都办了广告装饰公司，以吴元新的艺术天分，如果这些年精力不是投入到蓝印花布的收藏和创作上，他也应该有自己的公司了吧。

2002年9月23日，新馆如期开张。

张仃题字

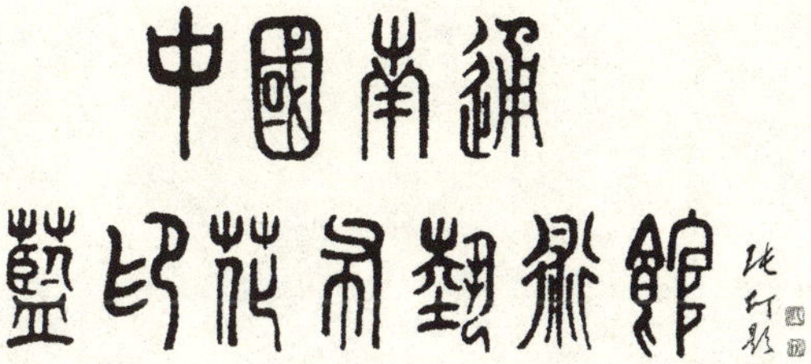

蓝印花布艺术馆全貌

南通蓝印花布艺术馆馆内展厅之一

南通蓝印花布艺术馆馆内廊桥

南通蓝印花布艺术馆明清染坊一角

艺术大家张仃

年事已高、很少外出参加社会活动的中国工艺美术界的泰斗张仃先生特意从北京赶来为吴元新的蓝印花布新馆落成典礼剪彩，并发表了热情洋溢的讲话。

在参观结束后，当他了解到吴元新辞了研究所工作，没有任何职称及荣誉，30年来默默无闻地为抢救、保护、传承蓝印花布所作出的努力时，对吴元新的敬佩之情油然而生，正如他在开馆的发言中讲道：

南通地方人杰地灵，文化积淀深厚，各个领域人才辈出，尤其在艺术方面，可谓独领风骚。

我与南通有很深的缘分，我的学生和朋友中，有不少就是南通人。有的已成为海内外知名的艺术家，他们的才情和对艺术的执著，给我留下很深的印象。

20年前，我为北京长城饭店大堂制作大型彩锦绣壁画《万里长城图》时，与南通工艺美术研究所的同志们有过一次愉快的合作。为了这幅彩锦绣壁画，我多次来到南通，80名心灵手巧的绣工，为它整整花了半年的时间。一想起这些往事，亲切之情油然而生。

今天，应南通蓝印花布艺术馆馆长吴元新先生的邀请，我有幸再次来到南通。吴元新先生三十年如一日，从事蓝印花布艺术的收集、整理、研究和设计工作，推陈出新，为现代生活服务，在南通市政府的大力支持协助下，创办了这所蓝印花布艺术馆，我深感欣慰。蓝印花布是中国民间传统工艺之一，格调朴素、高雅，寄寓着我们中国人独特的审美趣味、生活情调。在全球化日益推进的今天，我相信，它的价值和魅力将随着时光的推移而愈加彰显。

最后，我代表中国美术界向小吴同志致谢，希望他为民间蓝印花布，

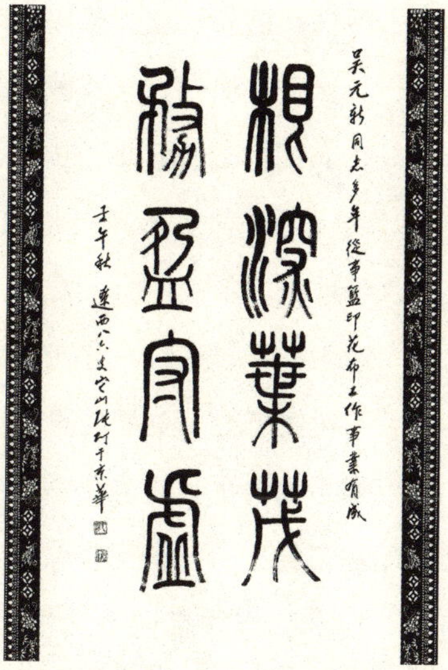

张仃先生为吴元新题词

为家乡传统艺术作出更大努力。

开幕式结束后，张仃先生久久不愿离去，面对着元新收藏的一幅幅古旧蓝印花布精品，仔细品味着，仿佛又看到他70年前自己家中蓝印花布的被面。他特为吴元新题写了“根深叶茂，务盈守虚”，勉励吴元新继续为民间印染事业多出成果。

早在20世纪70年代，吴元新跟着师傅设计蓝印花布纹样时，就苦于找不到合适的参考书。之所以师傅带着他们几个徒弟去乡下收购蓝印花布，也是为了设计时作参考用。

也许，我们可以自己编一本蓝印花布纹样集，师傅首先产生过这个想法。他们也曾整理过一些纹样资料，统统堆放在一个柜子顶上。后来，吴元新去上学，师傅不久也离开了印染厂，这批资料也不知下落了。

编著蓝印花布纹样集的想法一直留存在吴元新心里，他收集纹样的脚步也一直没有停顿。调到南通旅游工艺品研究所后，吴元新全身心投入到蓝印花布设计、创新的工作中，这个愿望越发强烈。

后来，辞职建立了蓝印花布艺术馆，无论是与外界交流，还是客商订货，吴元新发现没有一本统一编号的纹样大全，非常不方便。此前，南通的好几个蓝印花布印染厂也没有统一的纹样编号。

吴元新下决心着手开展这项工作。于是，每天晚饭后，他就埋首工作。整理、拍照、存档、编号、比较研究、撰写说明，一直要忙到深夜。

因为从来没有编写这类书的经验，对于那么多的纹样如何分类没有概念，不免做了很多重复性的工作，走了不少弯路。

如果在书里只是收集藏品纹样，工作量就会少很多，但吴元新考虑到蓝印花布的传承，执意将藏品纹样照片又进行修版，制作成可以制版的纹样。这个工作如果像他这样富有设计和制版经验的人不做，别人更没法做，但工作量也因此增加了许多。

2002年，书稿初成，吴元新希望在正式成书前，能就书中的分类等问题得到中国工艺美术界的权威指导，于是拿着初稿去了中央工艺美术学院老院长张仃先生家。

一进张仃家，吴元新就注意到他家的沙发套、门帘、窗帘全是蓝印花布做的。年迈的张仃摩挲着书稿，爱不释手。

张仃真不愧为大家，他兴致勃勃地谈了蓝印花布在中国的历史及流传路径，并强调了蓝印花布在中国工艺史上的地位。本来由于这些藏品的收集地大多是南通一带，吴元新想给这本书起名为《南通蓝印花布纹样大全》，但张仃认为书稿中的纹样大部分都是由江南移民迁移时带来的，基本能代表全国的蓝印花布纹样艺术价值，因此建议书名就叫《中国蓝印花布纹样大全》。

听了张仃的鼓励和赞誉，吴元新又喜又忧。自己多年的工作得到了工艺美术界泰斗的肯定，吴元新很激动，同时，如果真叫做《中国蓝印花布纹样大全》，他觉得身上的压力陡增。为了名实相称，吴元新在2002—2005年加大了在全国收藏蓝印花布的力度，补充收藏了北京、天津、湖南、山东、

吴元新与恩师张仃研究蓝印花布艺术

东北三省等地出产的蓝印花布，这期间他的收藏量翻了一番还多。

2005年，《中国蓝印花布纹样大全》由上海人民出版社出版，张仃、李绵璐先生为其写了热情洋溢的序言。张仃在序言中写道："这部《中国蓝印花布纹样大全》是他多年辛勤劳动的结晶，其中收集了自古以来千余种蓝印花布图案和纹样，对于人们学习和了解蓝印花布知识，对于蓝印花布艺术的研究、其工艺的开发和制作，很有参考作用，阅后深感欣慰。是为序。"

冯骥才、袁运甫、韩美林先生也为《中国蓝印花布纹样大全》题词。常沙娜先生说："现在出的书越来越多，但吴元新的这本书是其中少有的值得摆在书架上的。"常沙娜对于蓝印花布有很深的情感，在她小时候，她那刚从巴黎回国的时髦母亲身穿的一袭蓝印花布旗袍给她留下了难以磨灭的印象：旗袍上面印着牡丹和凤凰的纹样，白底蓝花，疏密有致，生动而美丽。长大成家后，她在自己简朴的小家里用蓝底菱形格菊花纹样的蓝印花布做了沙发垫套，用白底梅、兰、竹、菊纹样的蓝印花布做了床罩，朴素而雅致。2004年，敦煌研究院在莫高窟为她的父亲常书鸿先生诞辰100

范曾先生来蓝印花布艺术馆参观

吴元新与中央工艺美术学院老院长常沙娜在一起

吴元新拜访丁聪先生

袁运甫教授审阅吴元新《中国蓝印花布纹样大全》书稿

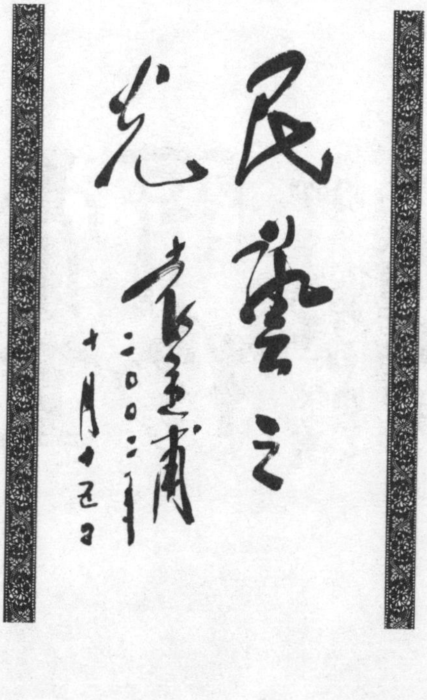

清华大学教授袁运甫为吴元新题词

吴元新与韩美林先生合影

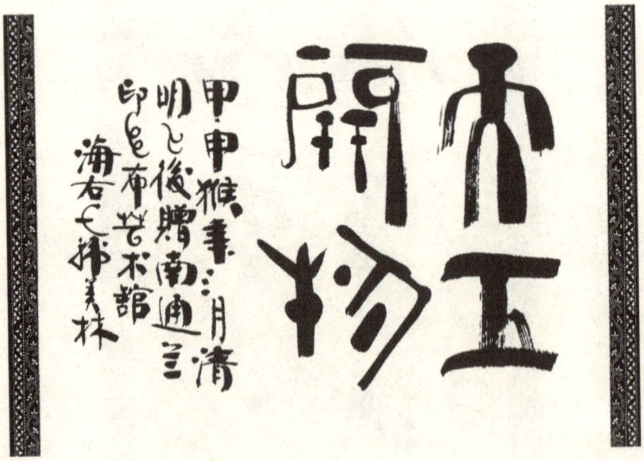

韩美林为蓝印花布艺术馆题词

丁肇中参观蓝印花布艺术馆

吴元新为全国政协副主席孙家正等领导讲解蓝印花布印染技艺

周年举办纪念活动时，重新修缮了“常书鸿故居”，请常沙娜负责恢复故居当年的陈设。常沙娜选用了白底牡丹、梅花、竹纹样的蓝印花布做了窗帘、炕围子、门帘，以再现父亲对民族民间艺术的钟爱之情。

遗憾的是，吴元新多年以来自己创作的蓝印花布纹样很多都失散了。当时年轻，创作力旺盛，虽然那些年创作出了大量的纹样，总觉得自己将来还能创作更多更好的作品，对于自己的作品并没有珍惜留存。回头来看，这些纹样的失散的确令人惋惜。

范曾、韩美林来艺术馆参观时，出于对《中国蓝印花布纹样大全》一书的喜爱，准备自费购买，吴元新提出赠送，他们执意不肯：“我们都知道，办私人艺术馆有多难，又出了一本这么好的蓝印花布纹样书，我们自己买。”这些艺术大家都很喜欢民间工艺，韩美林在自己的工作室内从设计到刻版印染蓝印花布都是自己动手，而范曾先生把蓝印花布的百寿壁挂挂在自己的书房中，吴冠中先生无论到哪里讲课，其资料都装在一个蓝印花布袋里，更衬出一代大师平实、朴素、雅洁的风范。

2007年，吴元新被评为中国工艺美术大师，南通蓝印花布制作技艺也申报成了国家级非物质文化遗产。作为传统印染行业中唯一一位中国工艺美术大师，吴元新近年频频受邀到全国各地高校讲学，先后在清华大学美术学院、中央美院、天津大学、同济大学、北京理工大学以及南通大学开设讲座，讲授蓝印花布纹样艺术，传授蓝印花布印染技艺。

此时，老同学徐敏在南京的装饰公司却经营得不大顺利，遂萌生退意，离开商界，去了江苏华夏天成建设股份有限公司应聘了设计院院长一职，并考上了南京艺术学院的博士生。

世事轮回，两个老同学再见面时，感慨万千。

第八章

收获的季节

漫漫收藏路

吴元新刚开始跟着黄师傅去乡下收蓝印花布，都是由黄师傅的熟人介绍，哪家有，就上哪家，而且价格也不贵，一块布几元钱就能收到。当然，那时候吴元新的学徒工工资也就14元8角3分。也有的农家不愿意要钱，他们就用带来的洋布与其交换。

后来，吴元新自己骑着借来的自行车下乡去收购。有几次碰到下雨天泥泞路滑，别说骑车了，推都推不动。只好扛着自行车走，一直走到大路上才能再骑。行路艰难，自己心下也很后悔：真是的，好好的干吗跑出来受这份罪。但雨过天晴，又惦记着下乡了。

有一次，收完蓝印花布从亲戚家出来，天很黑了，亲戚说“我骑自行车送你吧”，吴元新觉得已经很打扰人家，哪好意思再叫人送，硬说自己一个人走就行，出门搭个“二等车”就是了。

那个年代并不是人人家里都买得起自行车，于是，有自行车的农民夜晚将自家的自行车骑出来，看到走路的行人就送一程，挣点小钱。当地人就管这种带人的自行车叫“二等车”。

大约亲戚也累了，顺水推舟，没再坚持。吴元新带着大包小包从亲戚家出来，哪晓得走了许久，也没碰到一辆“二等车”。这时，在一个小道上，出现了一辆“二等车”。四周黑乎乎的，并没有其他人出现。万一对方是个坏人，看见自己带着这么几个大包，起了歹意怎么办？吴元新多了个心眼，不敢坐了。可对方好不容易等着一个坐车人，他又偏偏不坐，急了，上来就抢吴元新的包。把你的包先抢到手，看你坐不坐！吴元新吓坏了，赶紧申明：我包里没值钱的，就是些破布!

当吴元新半夜三更回到家时，焦急的父母早就站在巷口等着。对方要了好几块钱的车费，吴元新还想争论，母亲早已将钱递过去了："人回来就好，人回来就好。"

到了20世纪80年代末，有很多收旧瓷器的人到农村挨家挨户地收购旧瓷器。仿佛一夜间，农民都觉醒了，认为凡是旧货，若有人上门来收，肯定是准备收回去倒手赚钱。吴元新再去乡下收蓝印花布时，人家就开始漫天要价，收藏越来越难了。

吴元新发动自己的亲戚、同学，凡是乡下有熟人的，都通过他们在生产队广播里播送收购旧蓝印花布的消息，并说明是用以研究收藏，而不是用来倒卖的。他还在启东菜市场门口张贴了收购广告，在启东的黄允飞、陆新辉等同学的帮助下，收集了大量的蓝印花布古旧精品，至今吴元新也一直心存感激。

有小脚老太太走10里地来到收货点，也许拿的是一块老蓝布，而不是蓝印花布，吴元新看在她们辛苦的份儿上，也酌情给些钱。

有一阵子，吴元新在启东、海门等不同的地方都设点收购，农民就疑心手头的蓝印花布很值钱，要不怎么听说到处都有人收购呢？于是一条旧被面，都有开价上千元的。吴元新耐心解释，那些收购点都是自己设的，除了自己再没有别人收购。好在一般农民看见吴元新诚恳实在的模样，也就相信了。

原先，用几条缎子被面就能换来一条蓝印花布旧被面，随着生活水平的提高，现代人已经很少使用被面了，于是吴元新又改成用棉布被套换取旧蓝印花布或直接给钱。但仍旧有老人并不愿意要钱，也不愿意要棉布被套。他们还是愿意拿自己的旧蓝印花布被面换取绸缎被面。两三条绸缎被面换一条蓝印花布被面，皆大欢喜。

至于这些换回的缎子被面，老人们则另有用途。当亲戚间有人去世，孝子系着蓝布围腰来报丧时，人家往报丧的孝子围腰塞的不过是一块毛巾。后来生活好一点了，就塞一块布料。而现在基本上都塞丝绸被面。当有人来报丧时，老人们就将预备的色彩艳丽的绸缎被面塞在孝子的围腰里，显得很有面子。孝子回家后，会将收到的被面都掏出来陈列在灵堂上死者遗体和照片之间，陈列的被面越多，则丧事场面看上去越隆重。

冯骥才考察南通

2004年4月，全国政协常委、中国文联副主席、中国民间文艺家协会主席冯骥才先生应南通市政府的邀请来南通考察城市文化的定位。从早到晚，冯骥才的日程被安排得满满当当。参观濠河时，他听介绍人员讲道南通有个蓝印花布艺术馆，他马上向坐在身边的文联主席尤世玮提出希望到南通蓝印花布艺术馆参观。陪同的其他同志很为难，来南通考察的日程表已安排得满满当当，没有时间了。冯骥才表示他可以在结束晚上的活动后利用休息时间去蓝印花布艺术馆。

南通市的相关领导事先给吴元新打了招呼："冯主席去过很多地方，对民间工艺他什么都懂。他要是不问，你就不要讲那么多。"他们了解吴元新，只要讲起心爱的蓝印花布，就会激情迸发，热情四溢，滔滔不绝。

冯骥才来了，吴元新果然不敢讲太多，而且态度非常谦虚低调。冯骥才凭着文艺家的敏感，察觉到吴元新答话很简略，似乎欲言又止。于是他不停地提问，并鼓励元新："元新，要说蓝印花布方面的问题，我要多听您的介绍！"

参观完毕，已是晚上10点多了，冯骥才意犹未尽，坐下来就吴元新收藏蓝印花布的经历、艺术馆未来的打算等，向吴元新详细地询问。听说吴元新已经整理编写了《中国蓝印花布纹样大全》，他很高兴，吴元新急忙拿手稿给他看。当吴元新说起将来还打算恢复明清染坊时，冯骥才的眼睛一亮："好啊，广泛搜集蓝印花布及染坊的相关旧物器具，如民间有遗存的原始染坊要整体搬移，或加以组合，恢复染坊要尽量用原物，尽可能反映原来的风貌，哪怕是一缸一碗都要原汁原味地保留下来，真正把事情做到极致。让后人都能将蓝印花布的印染技艺传承下去！"

临走时，冯骥才又兴致勃勃地为艺术馆题字："靛蓝人间布上美，青花世界馆中看"，并嘱咐吴元新去天津时将题词带过去，他要补盖一个印章。

坐下来一谈不知不觉已近12点了，冯骥才握着送行的吴元新的手，鼓励他："一个人做事情要做到极致，就是要在地球上划上一痕，一百年以后让人还能记起、看到！"这句话一直鼓励着吴元新。此后几年间，每每遇到挫折，吴元新都会想起这句话，勉励自己坚持下去把事情做到最好。

到了5月底，吴元新到北京参加首届中国民间工艺品博览会。会后，吴元新兴冲冲地拿着冯老师留给他的地址和题词，准备到天津小白楼冯先生的工作室去盖印章。在天津火车站去工作室途中吴元新与出租车司机闲聊起来，天津的出租车司机一般都非常健谈。当他听说冯骥才为吴元新题词时，立即问吴元新带了多少钱。吴元新不解，望着司机。司机笑了："我没别的意思。他给你题了几个字？人家冯先生可是大家，你打算给多少润笔费呀？"

吴元新事先没有任何思想准备，加上在博览会卖展品挣的钱，吴元新口袋里总共就3000元左右。哎呀！这可怎么办？到小白楼了，吴元新站在门口，进退两难。

冯骥才的工作室中摆满了各种工艺品，也摆满了他自己的著作。见了吴元新，冯先生很亲切地问起这次展会的情况，吴元新一一做了介绍，冯先生则谈了他上次去南通的印象，渡轮载汽车过江的经历似乎给冯先生留下了相当深刻的印象。吴元新拿出题词要冯先生盖章，同时伸手往口袋里掏，脸红红地解释自己带的钱太少。冯骥才马上挡住了吴元新掏钱的手："元新你这是干什么！你们搞民间工艺的人，都是很不容易的。我不过是

冯骥才先生在南通蓝印花布艺术馆考察

冯骥才为吴元新题词

给你写了几个字，什么钱不钱的！”

怎么办？吴元新退出来，看到有人在买冯骥才的书，心中有了主意，于是挑了2000多元的书，跟工作人员说他要买这些书。工作人员说：“我去问问冯主席。”冯骥才马上过来了：“元新，这些都是文学书，你搞民间工艺的，要它们有啥用处！你如果有喜欢的，我送你两本就是！”

知道吴元新当天要赶回北京，冯骥才催促他赶快走，免得太晚赶不上火车了，并告诉吴元新由于参观南通蓝印花布艺术馆那晚题词时已经很疲劳了，周围人又多，写得不够好，他准备过两天重新写后盖章。后来，冯骥才果真重新题了词。现在这幅题词就挂在南通蓝印花布艺术馆。《中国蓝印花布纹样大全》出版时，冯骥才又给题了竖条幅“靛蓝人间，青花世界”八个字。

在冯骥才的鼓励下，2005年，南通蓝印花布艺术馆申报了“中国蓝印花布传承基地”，并向中国民协申报了“中国蓝印花布之乡”。2006年，冯骥才专程赴南通授牌“中国蓝印花布传承基地”给南通蓝印花布艺术馆。他之所以亲自来，是想凭借自己的影响力，让南通市政府对蓝印花布的传承更加支持，为南通蓝印花布艺术馆做广告。他在讲话中说：“我特别希望像元新这样的人在南通能更多一些，因为南通有很多文化遗产。希望元新能做更大更广泛的工作……今天我们给元新更多的是光荣，明天更大的是压力，但我相信，元新不会叫苦，因为他每一分钟都要讲‘蓝印花布’这四个字。”冯骥才再次提出希望，要吴元新将蓝印花布的收藏和传承做到极致。吴元新一直将冯骥才的鼓励和支持铭刻于心。

这次，冯骥才更加详尽地听吴元新介绍自己在浙江、山东、福建等地收藏蓝印花布的情况，同时对于纹样大全的续集的整理编辑提出了指导性意见。

得知吴元新的这么多藏品都是他自己几十年来跑乡下一件一件地从农

家收来的，敬佩之余，冯骥才给吴元新出了个主意："你这样做，太辛苦了。你要利用亲戚朋友等关系，同那些专门在农村收购文物的人去联系。这样才能扩大收购面，加快你的收购速度，来抢救和保护一天天正在消失的古旧印染花布。"

一句话点醒了吴元新，于是乘着到外地出差的机会，到各旧货市场联络了一些收购人员，请他们利用自己的网络，在收购旧货时顺便帮着代收蓝印花布。

吴元新特别感谢冯先生出的这个好主意，自从采纳了这个建议之后，他的藏品量迅速增加。

有一次，有人联系吴元新，说他收到一些蓝印花布被面，要价还算公道，吴元新没有还价，全部要了。不久，对方又联系，说现在越来越难收了，要涨价。吴元新稍有质疑，对方就说你不要，还有日本人、台湾人、美国人等着要呢。吴元新虽然有些疑心，但又怕这些东西落到大陆以外的地方，还是收下来了，但这个价格，已使他颇感费力。

对方看出吴元新是个很喜欢蓝印花布的人，让吴元新先支付些定金，说有货后直接给吴元新发到南通的艺术馆里，不用吴元新再从南通跑到外地拿货。等吴元新收到货后，再打余款给他。

没想到，对方一下子发来了几百条被面，这下吴元新彻底明白什么外国客户，全是子虚乌有的谎言。而且要价这么高，吴元新也的确没钱再买下来，更何况，好多货的纹样与现有的收藏是重样的。吴元新说不要了，他是真的要不起了。这人意识到这些货要是吴元新不要，就没人要，最终，他自己将价格降了下来。一则吴元新是真的喜爱这些蓝印花布，二则考虑到对方做事虽不厚道，但毕竟已支付了收购费和运输费，于是动员妻子买下这批被面来增加自己馆中的收藏。

妻子也只好同意，两人拿出几乎所有的储蓄买下了这批货。

日本明信片

在日本经销中国蓝印花布的客商中有一个叫久保麻莎的人，她当时已经50多岁了，就因为喜欢蓝印花布，开始在日本专门经销中国蓝印花布。久保热爱中国传统文化，会说些中国话，算得上是个中国通。

刚开始，久保只是从日本批发商手里购买蓝印花布在自己店里零售，后来为了节省成本、减少中间环节，久保开始亲自来中国进货。江苏、浙江、湖南、河北、陕西等地，其足迹几乎遍及整个中国，她发现南通的蓝印花布原汁原味地继承了明清以来的传统技艺。

为了配合在日本的销售，久保准备从宣传蓝印花布的手工技艺开始。她请了日本最好的摄影师随行，在启东工艺品印染厂里拍了许多照片。后来日本邮局就选用这些照片出版发行了一套12张蓝印花布工艺流程明信片。

当久保再次来启东时带了几套明信片给厂长。其中蓝印花布工艺流程中的第一张刻版照片就是吴元新，他凭着自己设计和刻版的技术，受到了日本客商的好评，并成为年轻的工艺家，列入了日本印制明信片的名单中。

如今，这张明信片被吴元新翻拍之后陈列在他的博物馆里。

当天吴元新高高兴兴地把明信片借回了家。爸妈特意把已经出嫁了的女儿叫回家看。听到消息，左邻右舍都来了，这张明信片就在大伙手里传来传去地被观看。在20世纪70年代，一个小青工居然上了日本的明信片，这件事在邻居中引起了小小的轰动。元新的父母尤其感觉很有面子。

20多年后，即2003年，中国政府开始对民间传统工艺加大抢救和保护的力度，中国国家邮政局也为吴元新发行了一套明信片，一共8枚，其中4枚为吴元新蓝印花布馆内的珍藏品，分别为《狮子滚绣球》、《凤戏牡丹》、《双鹤吉祥》、《富贵长寿》，另外4枚为吴元新设计的蓝印花布壁挂《纺织图》、《十二生肖》、《彩陶影像》、《奔马图》。

当年就是在日本发行的这张明信片让吴元新和久保结下了不解之缘。

日本客商久保麻莎

到了20世纪80年代末，蓝印花布在日本的销售热潮开始消退，久保麻莎以敏锐的眼光看到了蓝印花布在上海初露端倪的商机。于是在上海成立了“蓝蓝中国蓝印花布社”，一年有大半时间住在上海。

由于久保指定吴元新为蓝蓝社设计创新蓝印花布作品，她本人也经常去南通，从而了解到元新有大量的蓝印花布收藏品，并在元新家里看过。眼见在元新狭小的居室里这么多珍贵纹样的蓝印花布藏品不见天日，她直说可惜了。

后来，她就提出用吴元新的藏品到日本办展览。一想到自己的藏品有出头的机会，元新当即不假思索地答应了，挑选了200多件藏品，久保支付了1600元人民币作为酬谢后就借走了。

吴元新向久保麻莎传授中国传统民间印染图案艺术

吴元新的藏品在日本展览

第二天早晨一觉醒来，元新看着少了许多藏品的屋子，一阵悔意涌上心头。对于搞收藏的人而言，藏品简直就是他的命啊。回头一想，产品去了日本展览，也是宣传，早晚会回来的。

久保拿着元新的这批藏品在日本成功地办了展览，还出了书。无论是展览还是书，都没有提收藏者吴元新的名字。

由于蓝印花布不是简单的商品，里面蕴含了深厚的文化，久保在上海经营蓝蓝社时，她又将这200多幅藏品轮换陈列在蓝蓝社展厅里，传统文化的魅力也带动现代蓝印花布的销售。

此时，吴元新已经辞了职，准备筹建自己的艺术馆。为了积攒出开馆的资金，吴元新每周都要把设计的蓝印花布新品肩扛手抱地往蓝蓝社送。一个由吴元新设计的蓝印花布双鱼壁饰，受到了中外宾客的喜爱，但是销售价仅为3元，可她在上海的售价为25元，在日本的售价想必更贵！

为了不损伤两人多年的友情和保持经销关系，元新每次见到久保，就婉转地提起这批藏品，久保每次都是岔开话题。

久保很清楚吴元新要办艺术馆最缺的就是资金，它比藏品更重要。虽然元新给久保蓝蓝社送的货，只挣一点微薄的利润，但对元新而言，已经辞了职，没有固定收入，还要攒钱做事业，他不敢轻易地得罪客户。看到自己的藏品在上海轮换展出，心里还是得到一丝安慰。

搞过收藏的人都知道，一件珍贵的藏品的得来不仅要靠机缘和运气，更主要的是要长期在这个行当里浸泡才能碰上，有的一辈子只能碰到一次。

无奈之下，吴元新只好加大了收藏力度。他暗暗地下定决心一定要把失去的这部分藏品再补上，以弥补心中巨大的缺憾。久保其实一直关注着吴元新。她看见吴元新的艺术馆已经办起来了，他的设计3次获得山花奖，还出了厚厚的上下两册《中国蓝印花布纹样大全》。从书里可以看得到压在她手里的这些藏品他基本上又收全了！

久保这辈子最爱的就是蓝印花布，是蓝印花布让她愉快富足地度过了后半生。年岁越大，她对蓝印花布的喜爱就越深。闲来细细地欣赏蓝印花布的各种纹样，最能慰藉她孤独的心灵。而世间比她更热爱、更懂得蓝印花布的人，就是吴元新！只有吴元新才能跟她深入地谈论蓝印花布，从某种意义上说，她和吴元新又是知己。

久保今年已届九旬高龄，还在日本和中国经营蓝印花布两个专卖店，够辛苦的了。吴元新去北京讲课，绕道上海准备回南通。久保发出邀请：“请过来看看我吧，一起吃个饭聊聊蓝印花布。”作为多年的合作者、竞争者和某种意义上的知己朋友，两人又见面了。久保已白发苍苍，而吴元

久保送吴元新的夹缬版

新也从一个无忧少年步入中年，一时间，两人都颇有感触。

有一次，久保请吴元新去上海谈蓝印花布展览事宜，吴元新提出那批展品的事情，久保歉意地说："几十年来你一直支持我做蓝印花布，我从浙江收了两套夹缬版，每套价值10万呢，我准备送你一套，以补偿你那200多件蓝印花布藏品。"吴元新听了虽然有些遗憾，但看来久保也没有忘记自己对她多年的帮助。

夹缬工艺始于秦汉，因其工艺复杂、费时费料，而逐步为"灰缬"即"药斑布"所替代。日本人一直在收集中国夹缬纹样、花版。目前在日本珍藏的中国夹缬作品极为丰富。吴元新的艺术馆也收集到1000多条夹缬被

面、1万多幅夹缬图案纹样，内容广泛，时间跨度也相当大，有清代的“状元被”，民国的“百子图”，还有“文革”时期的工农兵造型图案。如果艺术馆能添一套夹缬版藏品就更好了。

久保突然间又踌躇起来：“你大概这次行李多，不方便拿吧。”吴元新连忙表示自己拿得了。

终于拿到了夹缬版，吴元新如获至宝，怕久保反悔，出了门，他都没敢回头，打车飞快地离去了。自此以后，吴元新也加快了对传统民间夹缬印染技艺的抢救进程。

专家也有走眼的时候

南通蓝印花布艺术馆现在在全国有一定知名度，很多人慕名前来参观。有一位老陶瓷专家也专程来了，吴元新自然热诚接待。

参观完蓝印花布艺术馆，老专家提出还想到南通的古玩市场看看，吴元新一路陪伴着他。在古玩市场，陶瓷专家拿起摆在摊上的青花瓷仔细地端详。

“是真的吗？”吴元新小声问他。“是真的。”专家毫不迟疑地回答。吴元新心里打起了小算盘：何不借专家的慧眼，挑几件青花瓷放到艺术馆里做点缀！

于是，两人一路走一路挑，不知不觉花掉了几千元。当然，如果都是真品，这个价钱还是很划算的。只是细心的吴元新注意到卖给他们青瓷的文物贩子都面露喜色，他们已经走出市场了，还有小贩追出来问他们要不要看别的！

吴元新心中不禁起了疑惑，但转头看看专家笃定的眼神，遂又放了心。

晚上，在灯下，吴元新拿出白天淘来的宝贝一件件仔细检视。他虽然没有专攻过青花瓷，但曾在宜兴待过5年的他看过不少青花瓷，在以前设计蓝印花布纹样时也借鉴过青花瓷纹样，对青花瓷纹样、年代也略有研究心得。突然，他发现有两个青花瓷瓶勾线的样子似乎不太对劲，心抖了一下。最后，经多方鉴定，这次买的几个青花瓷无一例外全是赝品！

吴元新是个厚道人，并没有将鉴定结果告诉老专家。

收获的季节

几十年来吴元新在民间蓝印花布田地里躬身耕耘，这块田地没有辜负他的汗水和劳作，开始慢慢地给他带来成果和收获，而收获来得这样突然

吴元新设计的获奖饰品“年年有余”系列

而丰厚，这是吴元新所始料未及的。

国家非物质文化遗产的申报工作，在2005年上半年启动。吴元新为申报工作做了大量的宣传准备工作，2005年6月，为了进一步展示南通在蓝印花布领域的创新设计成果，吴元新在北京参加了由中国文联、中国民间文艺家协会主办的第二届民间工艺品博览会。展览开幕的当天，全国专家学者、工艺美术爱好者，都纷纷前来参观。吴元新抓住这个宣传时机大力普及蓝印知识。

为了让各地喜欢传统印染的朋友和年青一代进一步了解蓝印花布技艺知识以及传统印染的历史，吴元新把收藏的珍品和整套工艺流程搬到了有限的展览空间，吸引了不少前来参观的宾客，大大提高了南通蓝印花布技艺的宣传效果。同来参展的客商笑着说：“吴元新你把博物馆都搬来了。”《中国蓝印花布纹样大全》出版之际，在南通举行了首发仪式，《人民日报》、《新华日报》都做了相关报道，为申报国家非物质文化遗产工作打下了坚实基础。就在国家设立首个“文化遗产日”前夕，由吴元新负责申报的“南通蓝印花布印染技艺”列入首批国家级非物质文化遗产保护名录。

吴元新被评为中国工艺美术大师

2006年5月2日，南通蓝印花布艺术馆被命名为“中国蓝印花布传承基地”。这是对吴元新在蓝印花布的挖掘、抢救、研究、传承中所做贡献的又一次认可。中国民协冯骥才主席、秘书长向云驹为吴元新授牌。

吴元新设计的“年年有余”系列饰品，以“鱼”谐音“余”、“裕”，吸取了民间图案的艺术精华，将浓郁的地方色彩与现代的设计理念结合起来，将纯蓝、蓝印花布、红绒布、红丝带、黄布等，用点、线、面相组合的手法，创作出了不同造型、特色鲜明的工艺装饰用品和立体的旅游纪念品，象征喜庆、富贵和吉祥，备受百姓喜爱。近十年来吴元新对此作品曾进行过三次修改，并申报了专利权。

在2004年“首届中国民间工艺品博览会”上，吴元新荣获了中国文联、中国民间文艺家协会授予的第五届中国民间文艺“山花奖·民间工艺奖”金奖。吴元新曾三度荣获“山花奖”，其中，2006年6月在北京人民大会堂荣获的是“山花奖·个人成就奖”。这次评选历时很长，参选人数超过3000名，吴元新最终折桂。全国获此殊荣的仅有5位，江苏唯吴元新一人。全国人大原副委员长布赫、文化部副部长周和平向吴元新等获奖者颁奖。

吴元新作品《凤戏牡丹》（国家博物馆收藏）

中国美术馆藏品包袱布『喜鹊登梅』（原系吴元新收藏）

吴元新作品桌旗系列（国家博物馆收藏）

鉴于吴元新在拯救、保护、收藏 、传承、发展中国传统蓝印文化上的不懈努力和特殊贡献，2006年10月，在天津国际精品博览会上，联合国教科文国际民间艺术组织授予了他“民间工艺美术大师”的称号。他的蓝印花布工艺品系列同时荣获了博览会颁发的金奖。

2007年元月，经国务院批准，由国家发改委会同国家民委、监察部、民政部、财政部、人事部、国土资源部、文化部和国资委联合组成的中国工艺美术大师的评审小组终审，产生了161位第五届中国工艺美术大师，这是新中国成立以来第五次评选国家级大师，吴元新作为传统印染行业中的第一位国家级工艺美术大师被载入史册，国务院副总理曾培炎在人民大会堂亲自为大师们颁奖。

吴元新这次申报的作品是他设计的蓝印花布《凤戏牡丹》、《狮子滚绣球》台布、“年年有余”系列饰品和桌旗靠垫。其中的《凤戏牡丹》、《狮子滚绣球》取材民间传说，是富贵、吉庆、幸福和美满的象征。整个画面采用了白底蓝花、蓝底白花、蓝白底相交、阴阳相衬的艺术形式；在结构上内圆外方，方中有圆，花纹疏密得体、大小相间；风格上静中有动，动中有静，富有现代气息；在刀法上运用了点、线、面相结合的手法，双刀、圆口刀、单刀并用，形象生动，造型线条流畅，风格古朴，格调高雅，充分展现了蓝印艺术在现代生活中的独特魅力。

目前，这三件作品已被国家博物馆、中国工艺美术馆各收藏了一套。

17岁就开始从靛蓝和刻花版的作坊中走过来的吴元新，无论是蓝印花布的制作工艺还是创作设计，都达到了炉火纯青的境界，是民间蓝印花布艺术全能的传人。他创作设计的蓝印花布作品从工艺制作、装饰形式到寓意内涵都形成了统一完美、相辅相成的特色。他的作品巧妙地将刻镂版、刮浆、靛蓝染色等工艺的局限变为蓝印花布的特色，其中合理运用了点、短线、面和蓝白反差的手法，以点、线、面实现了变化无穷，蓝白相间、疏密有致、对比调和的纹饰效果，鲜活地印证了图案构成的形式法则。他在对“对称与均衡”、“统一与变化”、“节奏与韵律”、“明暗与对比”等图案的手法熟练掌握的基础上，形成了自己特有的艺术风格。可以说，以吴元新在蓝印花布的创新设计和工艺制作上取得的成就，对于国家级工艺美术大师的称号是当之无愧的。

经南通旅游局申报，江苏旅游局推荐，鉴于吴元新在保护传统地方文化、创建私营艺术馆、建设文化旅游景点、开发创新旅游纪念品中做出的成绩，2007年4月吴元新被国家人事部、国家旅游局授予“全国旅游系统劳动模范”荣誉称号，在北京人民大会堂国务院副总理吴仪为劳动模范颁奖。

2007年，吴元新第三次应邀进入人民大会堂。由于在保护国家级非物质文化遗产中所做出的突出贡献，被中宣部批准，中国文联、中国民间文艺家协会授予吴元新“中国民间文化杰出传承人”荣誉称号，中国文联副主席、中国民间文艺家协会主席冯骥才为传承人颁奖。

2007年6月8日，“中国非物质文化遗产专题展”在北京中华世纪坛拉开了帷幕。这是国家文化部主办的国家级展览，来自各地的非物质文化遗

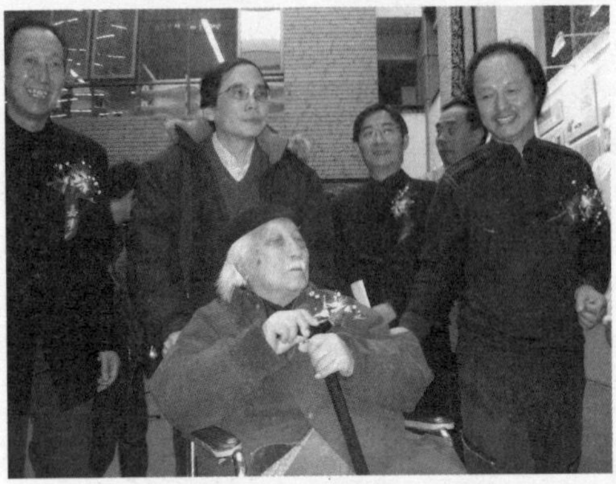

吴元新陪同张仃先生参观清华美院举办的『吴元新蓝印花布展』

产传承人代表们，将在这里一展风采。

在二楼中国蓝印花布展区，吴元新一家三口都来参加蓝印花布技艺的展示活动。作为国家级蓝印花布印染技艺传承人，吴元新激情横溢、如数家珍地向国内外来宾介绍蓝印花布文化，展示蓝印花布印染技艺。中央电视台新闻联播记者采访了吴元新，他对着镜头真诚地说道："这是一种荣誉，更是一份责任。"

第二天，温家宝总理在文化部部长孙家正、副部长周和平和王文章院长的陪同下来到中华世纪坛亲切会见现场的各位工艺美术大师，观看非物质文化遗产技艺演示。在蓝印花布印染展区，总理看着吴元新和妻子宋晓鑫、女儿吴灵姝正在专心为观众演示技艺时，热情握住吴元新的双手说："谢谢你们全家"，并详细询问了蓝印花布艺术馆的生存和发展情况。当总理看到吴元新自己新开发设计的作品时又说："非物质文化遗产印染技艺通过物质的形式表现出来很美！"吴元新当即将手中作品送给总理做纪念，总理很愉快地接受了他的作品，临别时看着吴元新全家再一次说："你们辛苦了，谢谢你们！"

吴元新为清华美院学生传授蓝印花布技艺

中央美院学生蓝印花布作品展示

2006年11月28日，“国家级非物质文化遗产——南通蓝印花布艺术展”在清华大学美术学院新大楼内700平方米的多功能展厅拉开了帷幕。这是中国工艺美术大师、国家级非物质文化遗产传承人吴元新先生30年以来的精心收藏和创作展。

悬挂在清华美院多功能展厅的蓝印花布长幅，就像是深山幽谷里流经千年的清泉，清新而夺目。旁边的木制纺车和布机，仿佛是一首农耕时代悠长的歌谣在缓缓地流淌，安抚着现代人焦躁不宁的心。

住在门头沟山中的老院长张仃听到吴元新办蓝印花布展览后不顾骨折的伤痛坐着轮椅赶来了，老院长常沙娜、王明旨、李绵璐来了，院领导李

原苏州山塘街吴元新蓝印花布苏州分馆

天津大学冯骥才文学艺术研究院蓝印花布分馆开馆剪彩仪式

设在冯骥才文学艺术研究院的南通蓝印花布分馆

当岐、王进展来了，国家级非物质遗产专家组刘魁立、唐克美、朱培初、贺学君等学者都来了。当年，在吴元新艰难探索的时候，这些老前辈曾多有扶持，而今为了蓝印花布手工印染技艺的传承，他们仍一如既往地支持着吴元新。

美院染服系的学子们也来了，他们徜徉在这个美丽的蓝白世界中，流连忘返。吴元新作为“文革”以后被邀请的第一位民间艺术传人给这些学子讲授蓝印花布图案艺术，他准备的讲座内容生动丰富，其做事专注、充满激情的特质在讲课时也显露无遗。其讲课时的热忱、解惑时的耐心，言谈间流露出的收藏和创作方面的深厚积累和真才实学深深地感染了听讲的学生们。

这些年轻人正处于对艺术和外部世界最敏感的年龄，比起成年人，他们更不会被授课者头上顶着的光环所迷惑，只有那些在专业上造诣深厚、又能满腔热情地授业解惑的老师才能让他们折服。因为只有这样的授课者，才能真正教给他们更多的知识和方法，以其修身立业的实践经验给他们以最有益的人生和艺术启迪。

继清华美院之后，聘请吴元新为院校讲课和担任兼职教授的还有中央美术学院、同济大学、苏州大学工艺美院等。

2009年，南通大学作为地方大学，为了更好地为地方文化建设服务，在考察了南通蓝印花布艺术馆之后，建立了南通大学蓝印花布艺术研究所，聘请吴元新任所长。研究所设立了传统工艺研究室、传统纺织服装研究室、传统染料研究室、传统蓝印花布纹样研究室、蓝印花布史论研究室等五个研究室，并由教师和硕士、博士研究生等组成了研究队伍。

忧 虑

吴元新30年来不知疲倦地收藏、抢救、保护、设计蓝印花布产品，由

吴元新与妻女合影

于蓝印花布的印染是个力气活，长期的操劳和奔波，损害了他的健康，落下腰肌劳损、背部疼痛的毛病，出外开会，舟车辛劳，吴元新都是腰间系着厚厚的护腰，否则在车上坐久了，腰疼得厉害。

蓝印花布的传承一直是吴元新最操心的事情。虽然现在还有几个熟练的印染工人，但他们正在一天天老去，后继无人的问题越来越紧迫了。

2007年1月，清华大学美术学院染织服装系已和吴元新就建立实习基地、共建新产品开发与非物质文化遗产研究中心签订了合作协议。现在，吴元新所带的研究生，他们来自不同的大学，但迄今为止，没有一个学生表示将来愿意专心致志地研究设计蓝印花布。对此吴元新也能理解，现在的年轻人生活压力大，毕业后马上面临生存问题，他们需要买房、养家，谁愿意去做20年后才出成果的项目？

现在唯一能够指望的是他的女儿吴灵姝。

女儿很小的时候，吴元新就开始着意培养，放学后就送她去绘画班学习，日复一日，从不间断。渐渐地，小灵姝画得有些烦了，看着同龄的小姑娘放学后就看动画片、踢毽子，而自己要去绘画班不停地学画，心中很

女儿吴灵姝在蓝印花布明清染坊——拆开染好的夹缬

吴元新跟女儿谈论染好的夹撷

不情愿。小姑娘有一次恨恨地跟祖母说："等我长大后，等我爸爸老了，我也要把他送到绘画班，让他天天画画！"这天，小灵姝从绘画班回来，吴元新要看她的绘画作业，小灵姝就将作业递给了爸爸。吴元新一看就起了疑惑：不对呀，这怎么和前几天画的一样？仔细一问，原来小丫头今天没去绘画班，自己跑到新华书店看书，到点回家来了。她觉得爸爸每次都是随便看一眼她的作业，于是大胆把前次的作业拿来冒充。

每次看女儿的绘画作业，吴元新看似随意，事实上是很留意女儿的细微进步和变化的。从不对女儿发脾气的吴元新这次严肃地批评了女儿，小灵姝至今都记得当时爸爸发火的样子。

从小几乎就跟着父母在艺术馆里长大，再加上吴元新的刻意培养，吴灵姝年纪虽然不大，但她已熟练掌握了蓝印花布的刻版、印染技艺。现在的吴灵姝正在北京理工大学艺术设计学院学习设计，无论是收藏、印染，还是纹样设计创作，都能独当一面了。她跟爸爸合作研究蓝印花布，一起写论文，一起设计纹样，是吴元新得力的助手。

不知女儿将来会嫁个什么样的人？她未来的丈夫能支持她一起将蓝印花布传承下去吗？女儿还小，尚未定性。一想起这个问题，吴元新就忧心忡忡。

吴元新担忧的还不仅仅是这个问题，要想把蓝印花布传承下去，还需要培养更多的设计人员和印染技艺员工，他还想在蓝印花布艺术馆建一个明清作坊，再现蓝印花布印染的制作技艺，这一切都需要政府和社会各界的大力支持。

2008年女儿吴灵姝作为设计学院的交流生，赴韩国建国大学艺术学院学习，在韩国期间她看到了中国传统文化在韩国得到了传承和发展。在建国大学图书馆，看到了很多相关的中国民间印染书籍，中国的传统印染技艺已经融入到了韩国的民族文化中，这对吴灵姝产生了很大的震撼，从而提高了对保护祖国传统文化的认识。回国后，她同父亲加紧了《中国蓝印

吴元新和女儿吴灵姝参加文化部举行的非遗展示活动

花布纹样大全》一书文稿的梳理和最后的修正，还积极主动地协助父亲申报了清华大学艺术与科学研究中心柒牌非物质文化遗产研究与保护基金项目。此外，她还与父亲一起完成了国家“十一五”重点图书《中国传统民间印染技艺》。2010年，吴灵姝考取了中国艺术研究院的硕士研究生，选择的专业方向是中国传统设计文化。女儿的成长让吴元新得到了最大的安慰，他是多么希望吴灵姝能够真正成为蓝印花布技艺的传承人！多么盼望更多人能够加入中国民间印染技艺的传承和研究！

离开喧嚣

2011年2月，笔者在北京金源燕莎商场再次遇见了来参加文化部和北京市人民政府举办的“我们的节日——百名非物质文化遗产项目代表性传承人迎春展示活动”的吴元新一家三口。本次迎春展示活动选调了国家级非物质文化遗产名录中的100个与民众年节文化密切相关的项目，如南通蓝印花布、天津杨柳青木版年画、北京灯彩等，由百名非物质文化遗产项目代表性传承人现场演示其精湛技艺并销售作品。主办方在春节前夕选择在首都各大商场举办迎春展示活动，就是为了挖掘节日的文化内涵，营造欢乐祥和的节日气氛，增进社会对非物质文化遗产的认识，宣传非物质文化遗产名录项目及其代表性传承人。同时，也让非物质文化遗产更加贴近实际、贴近生活、贴近群众。

吴元新的展位上摆满了符合新春习俗的蓝印花布工艺品——“鲤鱼跳龙门”、“年年有余”饰品和各种造型的小动物等。其中，吴元新特意为兔年设计的生肖玩具小兔子，格外招人喜爱，展位上围满了喜爱蓝印花布的客人。

吴元新的妻子脸上挂着微笑，与以往一样沉静少言，不慌不忙地在展位里面忙碌着。她属于那种年轻的时候长得并不瞩目，但年龄越大越耐看的女人。他们的女儿走过来亲热地与我打招呼，很干练的样子，只是人比以前瘦了，大约是因为又要念书，又要协助吴元新著述，工作过于忙累的缘故。

吴元新穿着蓝色的棉服，诚挚热情的笑容让人感觉温暖。我每次见他基本上穿的都是蓝色，除了蓝色，我还真想不出有什么颜色更适合他。为了便于说话，我们离开他的展位，一起走到商场一层的咖啡店去坐着。明显地，他的步履比以前轻盈了许多。原来，困扰他好几年的腰疼病已经有一年没再犯过，人一下子就精神了，长久蒙在脸上的疲累困顿也一扫而空，令我的心情也跟着轻松了。

喝着红茶，吴元新给我讲述他在过去的一年中的工作进展以及经历过的人和事。对于他这一年来在事业上取得的新的成绩，我并不惊讶。像他这样一个心中只想做好蓝印花布的传承，同时又充满行动力的人，任时光空度是完全不可想象的。

但我注意到，比起前两年匆匆忙忙、时而兴奋、时而焦虑的他，现如今他身上有什么东西变了。不，不是喧嚣之后的沉寂落寞，因为他依然热忱，但毕竟有什么东西不同了。这几年来，我目睹他得到了很多荣誉，不停地参加会议，到处讲课、参展、宣传，马不停蹄，作为旁观者都能感受到他那份忙乱和劳累。现今的他眼神淡定，方向感十足。他告诉我说他已经意识到要将蓝印花布技艺传承下去，最重要的是蓝印花布纹样的搜集、整理和培养传承人，这几年经过抢救性的收藏，他的蓝印花布藏品数目翻了几番，他准备今后重新将工作重点放在中国传统民间印染纹样的整理和研究上，今后5年将陆续出版《中国夹缬纹样集成》、《中国绞缬纹样集成》、《中国彩印花布纹样集成》等纹样图集，张仃先生在世时已审阅了吴元新收集的印染纹样，并分别为5本书题写了书名，这也更加坚定了吴元新长期做好对民间印染研究和传承的信念。

2011年4月，在中国民间文艺家协会第八次全国代表大会上，吴元新作为一千多位国家级非物质文化遗产传承人的代表当选中国民间文艺家协会副主席。2011年6月，吴元新获得第三届“全国中青年德艺双馨文艺工作者”荣誉称号。2011年7月，吴元新赴意大利举办蓝印花布展示活动……

以我对吴元新的了解，我知道只要他认定的事情，他一定会心无旁骛、坚定乐观地走到底。他，就是这样一个人。

附录

吴元新从事蓝印花布三十五年简记

1976年，吴元新中学时代

1980年，吴元新在大连旅顺

= 吴元新从小在母亲的纺纱织布声中长大。

= 1976年，16岁的吴元新跟随父亲学习染纱，由于经验不足，晒干后的蓝纱色花比较严重，父亲安慰他说："民间有句俗语'纱花布不花'，下次尽量染匀。"父亲亲切而温和的话语令吴元新至今记忆犹新。

= 1977年，吴元新被安排进入启东卫东印染厂（当地俗称染布店）拜师学艺，专业从事蓝印花布和彩印花布印染、刻版工作，第一年的学徒工资为14.83元。

= 1978年，在学习刻制传统花型的同时，根据日本客商的要求，吴元新设计并刻制了第一幅较为现代的蓝印花布纹样"寿桃纹"，被客商批量订货。

= 1979年，日本摄影师1977年在启东卫东印染厂拍摄的蓝印花布工艺流程图片在日本被印制成一套（12张）明信片发行，吴元新作为青年工艺家，其刻版工作照被列入明信片发行。

= 1980年，吴元新应征入伍，在海军37471部队及B764舰服役。服役期间，坚持练习绘画，设计蓝印花布纹样。

= 1981年，设计的蓝印花布系列纹样32幅作品被日本客商雪江堂、久保麻莎批量订购，合计1600匹（每匹长度13码），得到了印染厂领导的嘉奖。

= 1982年，为了适应日本客商对新花型的需求，吴元新坚持学习绘画，设计新图案。

= 1982年9月,吴元新考入江苏省宜兴陶瓷工业学校（现无锡工艺职业技术学院）美术专业学习。

= 1983年，在校学习期间，吴元新坚持勤工俭学，设计了大量的蓝印花布纹样，被厂方选用，相继被启东、通州等地多家蓝印花布厂聘为兼职设计师。

= 1984年，通过在学校美术专业的学习训练，设计能力不断提高，创新设计了50多幅几何形纹样，受到了日本客商的青睐。

= 1985年，因在校学习成绩优异，经校领导研究决定让吴元新留校任教，执教图案设计课程。

= 1986年，在学校图案设计教学中，首次把蓝印花布纹样设计列入美术专业教学中，激发了学生对传统印染图案的兴趣，并取得了良好的教学效果。

1983年，吴元新常州动物园雕塑写生

1984年，吴元新赴北京写生，在天安门前与全班同学合影

1985年，暑假期间吴元新在美术培训班任教

1986年，吴元新在单身教师宿舍备课

- 1987年，全国第一家旅游工艺品研究所在南通成立，成立之初缺乏蓝印花布研究创新人员，吴元新作为专业人才被引进调入南通旅游工艺品研究所，任蓝印花布研究室主任。
- 1988年，民间工艺的生产在国内渐渐恢复并逐步兴起，在开放的深圳第一次举办的首届“中国民间工艺美术博览会”上，吴元新设计的“蓝印花布”系列产品获轻工部部级奖。在春季第二十二届全国旅游产品内销工艺品展评会上，吴元新设计的“蓝印花布工艺时装”获优秀旅游产品奖。
- 1989年，吴元新被选送进入中央工艺美术学院装饰艺术系师资研修班学习，系统地学习了人体素描、色彩、图案创意及铜雕、蜡染工艺等。学习期间设计了“连年有余”系列蓝印花布壁饰，至今被大量复制生产并在江南各旅游景点热销，是旅游纪念品中销量最大的蓝印花布工艺品。
- 1990年，吴元新考入中央美术学院大专学历班学习。
- 1991年，吴元新设计的蓝印花布壁挂《仿古彩陶》、《敦煌飞天》在江苏省第三届轻工美术设计展评会分别荣获一等奖和二等奖。
- 1992年，吴元新负责的研究室经过多年努力，成功研制恢复了蓝印花布印染技艺在丝绸面料上的双面印制，从而拓宽了

1987年，吴元新留校任教后与张志安、李立新、洪锡徐等老师合影

1989年，吴元新在中央工艺美术学院学习

1990年，吴元新在中央美术学院学习

1991年，吴元新与工艺美术总公司专家在西安考察

蓝染技艺在各种面料上的应用面，蓝印花布丝绸品被客商批量订货。

= 1993年，为了适应市场的需求，南通旅游工艺品研究所蓝印花布研究室筹建蓝印花布明清作坊，把设计师的画稿及时应用在产品的制作上。

= 1994年，经过一年的筹备，南通旅游工艺品研究所蓝印花布分厂开始独立运行，吴元新任艺术总监兼任厂长，为从专业设计和研究转向蓝印花布厂的经营管理打下了基础。

= 1995年，被日本独资的上海蓝印花布通博公司聘为蓝印花布指定设计师，南通旅游工艺品研究所的蓝印花布厂被指定为上海公司产品供货商。

= 1996年，南通旅游工艺品研究所被南通市冠达集团兼并，撤销蓝印花布厂，吴元新因而辞职并创办了南通蓝印花布艺术馆，任馆长。

= 1997年，吴元新在原南通旅游工艺品研究所蓝印花布厂的基础上创办南通蓝印花布艺术研究所及传承基地。

= 1998年，应台湾台中文化中心邀请，吴元新赴台举办“亚太地区工艺家交流展——吴元新蓝印花布个展”。

= 1998年，收藏的蓝印花布古旧精品在日本日中友好会馆专题展出，久保麻莎为蓝印花布专题展印制画册，进一步扩大蓝印花布在日本的影响力。

1996年，南通蓝印花布艺术馆原展厅

1998年，吴元新在台湾台中文化中心与台湾国立艺术学院教授江韶莹夫妇、蓝染专家马芬妹女士切磋交流

1998年，南通蓝印花布艺术展览在台湾台中文化中心举办

1999年，吴元新的南通蓝印花布收藏作品展在北京民族文化宫开幕

= 1999年，在第四届中国民间艺术节工艺品博览会上，吴元新设计的《纺织图》壁挂系列荣获金奖。

= 1999年12月，在北京民族文化宫举办了吴元新蓝印花布收藏设计作品展。蓝印花布作品《十二生肖》、《敦煌飞天》等被北京民族文化宫博物馆收藏。

= 2000年9月，吴元新应邀参加第六届中国艺术节，并作为工艺美术专家代表在南京文化中心参加蓝印花布技艺展演，蓝印花布时装在“六艺节”工艺精品博览会开幕式上专题表演。

= 2001年1月，国家领导人吴邦国在南通考察时，在文峰饭店会见了吴元新，并肯定他在蓝印花布产品传承上所取得的成绩。

= 2001年2月，应美国亚利桑那州中国文化中心的邀请，“吴元新蓝印花布作品展”赴美展出。

= 2001年4月，吴元新参加首届中国旅游纪念品设计大赛，“年年有余”系列饰品荣获金奖。同年5月在中国民俗艺术节活动中，“蓝艺”系列作品再获金奖。9月，南通蓝印花布艺术馆新馆落成，原中央工艺美术学院院长张仃先生专程赴南通为新馆剪彩并考察吴元新蓝印花布艺术馆。

= 2003年10月，国家领导人顾秀莲、刘延东参观南通蓝印花布艺术馆，并赞

1999年，吴元新蓝印花布收藏设计作品展在北京民族文化宫开幕

2000年，台湾著名诗人、画家席慕蓉喜爱南通蓝印花布

2001年，张仃审阅蓝印花布纹样照片

扬吴元新在抢救、保护文化遗产中所作出的努力。

= 2004年5月，冯骥才先生考察南通蓝印花布艺术馆，鼓励吴元新要把蓝印花布研究做到极致，并题词“靛蓝人间布上美，青花世界馆中看”。

= 2004年6月，吴元新参加北京首届中国民间工艺品博览会，其创作的“蓝印花布工艺品系列”荣获第五届中国民间文艺最高奖“山花奖”金奖。

= 2004年6月，荣获全国优秀文艺奖项一等奖。

= 2004年7月，创办“苏州江南蓝印花布艺术馆”（展馆的陈列内容2008年已迁至苏州大学筹建的苏大博物馆中）。

= 2005年2月，吴元新染织家庭荣获江苏卫视“我爱我家”江苏民间艺术家最具人气奖。

= 2005年4月，吴元新被评为“南通市劳动模范”。

= 2005年5月，吴元新编著的《中国蓝印花布纹样大全》在经过5年的整理、编纂后，由上海人民出版社出版，该书由张仃先生题名，冯骥才、袁运甫、韩美林、李绵璐等大家作序题词。

= 2005年6月，在北京第二届中国民间工艺品博览会上，吴元新设计的“蓝印花布四件套”荣获金奖。

= 2005年10月，第六届西湖博览会中国

2002年9月，张仃先生专程来南通为蓝印花布艺术馆新馆落成剪彩

2004年，吴元新在上海博物馆作非物质文化遗产蓝印花布印染技艺的讲座

2005年，《中国蓝印花布纹样大全》首发式

工艺美术大师作品展在杭州举办，吴元新设计的“台布壁挂彩陶系列”荣获金奖。

= 2005年11月，吴元新被江苏省人事厅评定为高级工艺美术师。

= 2006年4月，吴元新蓝印花布作品在中央美术学院展出，作品《纺织图》被中央美术学院收藏。

= 2006年5月，冯骥才先生率中国民间文艺家协会领导专程赴南通，授予吴元新创办蓝印花布艺术馆为“中国蓝印花布传承基地”，授予南通为“中国蓝印花布之乡”。

= 2006年6月，中国文联、中国民协授予吴元新第七届中国民间文艺最高奖“山花奖·个人成就奖”，这是中国文联、中国民协第一次评选个人成就奖，全国仅5人获此殊荣。

= 2006年7月，由吴元新负责申报的“南通蓝印花布印染技艺”项目被国务院批准文化部列为首批“国家级非物质文化遗产名录”。“南通蓝印花布艺术馆”被指定为该国家级项目的责任单位，吴元新被指定为该项目的唯一国家级传承人。

= 2006年9月，吴元新在北京大学人才高级研修班学习。

= 2006年10月，在天津举办的“第三届中华民间艺术精品博览会”上，吴元新设计的作品《狮子滚绣球》蓝印花布台布荣获金奖。10月，被评定为“研究

2005年，吴元新获江苏电视台最具人气奖

2006年，吴元新与女儿吴灵姝参加中国文联举办的“百花迎春”春节文艺晚会

2006年，吴元新在北京大学参加“江苏省五个一批人才高级研修班”学习

员级高级工艺美术师”。

= 2006年11月，在中国民族家纺设计大赛上，吴元新设计的蓝印花布“喜相逢”桌旗系列荣获金奖。

= 2006年11月，“吴元新蓝印花布收藏设计作品展”在清华大学美术学院开展，老院长张仃、常沙娜、李当岐等出席开幕式，吴元新应邀走进清华美院讲堂，为学生讲授蓝印花布图案艺术，传授民间印染技艺。

= 2006年12月，南通蓝印花布艺术馆分馆在天津大学冯骥才文学艺术研究院开馆，冯骥才先生参加分馆开馆仪式。

= 2006年12月，吴元新被联合国教科文国际民间组织授予“民间工艺美术大师”称号。

= 2006年12月，在北京人民大会堂被国家授予第五届“中国工艺美术大师”称号。

= 2007年1月，吴元新作品入选参加在国家博物馆举办的中国工艺美术大师优秀作品展。

= 2007年3月，吴元新代表作品“年年有余”系列饰品、《凤戏牡丹》台布、“喜相逢”桌旗系列被国家博物馆收藏。

= 2007年4月，在北京人民大会堂被国家人事局、国家旅游局授予“全国旅游系统劳动模范”。

= 2007年5月，被北京理工大学设计艺

2006年，吴元新蓝印花布设计作品展在清华大学美术学院开幕

2006年，中国民间文艺家协会秘书长向云驹授予南通蓝印花布艺术馆为“中国蓝印花布艺术传承基地”

2006年，中国民间文艺家协会主办的“中国蓝印花布之乡”、“中国蓝印花布艺术传承基地”揭牌仪式

术学院聘为客座教授，并在该校举办蓝印花布印染技艺专题讲座。

= 2007年6月，在北京人民大会堂吴元新被中国文联、中国民协授予“中国民间文化杰出传承人”荣誉称号。

= 2007年6月，吴元新被文化部命名为首批“国家级非物质文化遗产蓝印花布印染技艺代表性传承人”。

= 2007年6月，在北京参加“中国非物质文化遗产专题展”，吴元新携妻子宋晓鑫、女儿吴灵姝为温家宝总理、李长春常委演示蓝印花布印染技艺。

= 2007年8月，清华大学美术学院《装饰》杂志发表《蓝印花布传承人吴元新访谈录》。

= 2007年8月，吴元新赴德国柏林参加高级研修班培训学习。

= 2007年9月，被天津大学冯骥才艺术研究院聘为“中国民间美术遗产保护与研究中心学术委员会委员”。

= 2007年11月，吴元新作品“桌旗四件套”荣获第八届中国民间文艺最高奖“山花奖”，这是吴元新第三次荣获“山花奖”。

= 2008年1月，吴元新被聘为苏州大学艺术专业硕士生导师。

= 2008年2月，吴元新的43件蓝印花布藏品被中国美术馆收藏。

= 2008年6月，中央美术学院设计学院

2007年，吴元新参加中国工艺美术大师优秀作品展

2007年，吴元新全家应邀参加中国非物质文化遗产专题展

2007年，吴元新荣获第八届民间文艺“山花奖”

聘请吴元新为蓝印花布手工技艺体验的教授。2008年7月，应同济大学非物质文化遗产研究中心邀请，赴该校举办蓝印花布技艺专题讲座。

= 2008年10月，吴元新被中国工艺美术学院、苏州工艺美院、无锡工艺学院等聘为客座教授。

= 2008年11月，作品《百子状元图》荣获“中国传统工艺美术精品大展”银奖。

= 2008年12月，清华大学美术学院染服系首次把蓝印花布印染技艺列入本科生的教育，聘请吴元新为蓝印花布印染技艺兼职教授。

= 2008年12月，吴元新当选为江苏省南通市民间文艺家协会主席。

= 2009年3月，成功申报清华大学艺术与科学研究中心柒牌非物质文化遗产研究与保护基金项目——《中国蓝印花布传承人的调研》课题。

= 2009年5月，南通蓝印花布艺术馆同南通大学合作成立南通大学蓝印花布研究所。吴元新被任命为研究所所长，成为该校国家级非物质文化遗产传统印染技艺的学术带头人。同年被聘为南通大学艺术学院硕士生导师。

= 2009年5月，“吴元新大师作品展示馆”在深圳中国丝绸文化创意园开馆。

= 2009年6月，吴元新与女儿吴灵姝编著的《蓝印花布》一书由中国社会出版

2008年，吴元新被苏州大学艺术学院聘为硕士生导师

2009年，女儿吴灵姝参加法兰克福国际书展的中国非物质文化遗产展示活动

2009年，吴元新蓝印花布馆在宁波慈城开馆

2009年，吴元新蓝印花布展在深圳开幕

社出版。

= 2009年7月，由台湾汉声杂志社策划，吴元新收藏的蓝印花布作品“中国蓝印花布展”在北京爱仁美术馆举办。

= 2009年8月，吴元新与女儿吴灵姝赴湖南省邵阳、凤凰等地区考察，启动中国蓝印花布传承人调研项目。

= 2009年9月，应邀参加了文化部举办的中国非物质文化遗产苏州论坛，吴元新所作的“蓝印花布生产性保护和传承”专题发言得到专家好评。

= 2009年9月，吴元新的作品参加在美国休斯顿举办的国际拼布艺术展。

= 2009年10月，在江苏省民间文艺家第六次代表大会上当选为江苏省民间文艺家协会副主席。

= 2009年10月，由台湾《汉声》杂志黄永松先生策划的宁波慈城“吴元新蓝印花布馆”开馆。

= 2009年10月，吴元新选派蓝印花布传承人吴灵姝参加德国法兰克福国际书展的中国非物质文化遗产展示活动。

= 2009年11月，吴元新应邀在东南大学作题为“中国蓝印花布传承与保护”的专题讲座。

= 2009年11月，吴元新与夫人宋晓鑫应邀赴台湾参加“中华非物质文化遗产大展”展演月活动。

= 2009年11月，与母亲管惠芳及女儿

2009年，吴元新收藏的蓝印花布作品在北京爱仁美术馆展览

2009年，吴元新与母亲应邀参加“中国民族民间服饰抢救成果展”

2009年，吴元新与女儿吴灵姝考察湖南地区的蓝印花布

2009年，吴元新在台湾参加中华非物质文化遗产大展

吴灵姝三代传承人应邀在北京民族文化宫参加中国文联、中国民协举办的“中国民族民间服饰抢救成果展”，现场展演蓝印花布印染技艺。

= 2009年12月，吴元新应台湾大学艺文中心的邀请，赴台湾大学作“艺染蓝花——中国蓝印花布历史与现状”的演讲。

= 2010年3月，吴元新应清华大学美术学院邀请，参加“仰望星空，致意他山——张仃先生追思会”，并作为地方民间工艺家唯一代表在会上发言，缅怀张仃先生对传统工艺的关心和厚爱。

= 2010年4月，吴元新应澳门特别行政区政府邀请，与夫人宋晓鑫、女儿吴灵姝赴澳门参加“国家级非物质文化遗产——南通蓝印花布印染技艺”的展演月活动。

= 2010年5月，吴元新与女儿吴灵姝应邀代表江苏省参加“上海世博会” 的国家级非物质文化遗产项目的展演活动。

= 2010年6月，吴元新应邀参加文化部举办的“留住手工技艺——现代化进程中传统工艺美术保护论坛”。

= 2010年7月，江苏省推荐吴元新为享受国务院政府特殊津贴专家。

= 2010年8月，与女儿吴灵姝、夫人宋晓鑫设计制作的《真丝夹缬》荣获第五届中国民间工艺博览会金奖。同月，在第四届江苏工艺美术学会代表大会上当

2009年，吴元新在慈城孔庙作讲座

2010年，吴元新应邀参加第二十二届国际博物馆协会大会，并在上海博物馆作蓝印花布保护的演讲

选为江苏省工艺美术学会副理事长。

= 2010年9月，文化部副部长、中国艺术研究院院长王文章聘吴元新为中国艺术研究院工艺美术研究所客座研究员，成为全国28位研究员中印染技艺方面的代表。

= 2010年10月，应中国文联副主席、中国民间文艺家协会主席冯骥才之邀，吴元新和女儿吴灵姝参加了“天津大学非物质文化遗产进校园活动”。

= 2010年11月，应邀参加第二十二届国际博物馆协会大会，其创办的南通蓝印花布艺术馆正式注册成为国际博协会员。在世博会期间，受上海博物馆邀请，作“中国蓝印花布印染技艺”的专题讲座。

= 2010年12月，由冯骥才主编、中国民间文化杰出传承人系列丛书《蓝白人生》吴元新传记由民族出版社出版。

= 2011年1月，与女儿吴灵姝一起应文化部邀请在北京参加“我们的节日——百名非物质文化遗产项目代表性传承人迎春展示活动”。

= 2011年2月，吴元新与女儿吴灵姝合著的《刮浆印染之魂——中国蓝印花布》由黑龙江人民出版社出版。

= 2011年3月，经国务院批准，吴元新成为享受政府特殊津贴专家。

= 2011年4月，在清华大学百年校庆之际，吴元新申报“中国蓝印花布传承人

2010年，吴元新与女儿吴灵姝参加上海世博会非物质文化遗产展演

2010年，吴元新在烟台参加中国民间工艺发展研讨会

2011年1月，在北京“百名非物质文化遗产项目代表性传承人迎春展示活动”中，吴元新向文化部副部长王文章介绍南通蓝印花布的传承情况

调研”课题，经清华大学科学与艺术学术专家组评审、结题。

= 2011年4月，在中国民间文艺家协会第八次全国代表大会第一次理事会上，冯骥才连任主席，吴元新等12位当选中国民间文艺家协会副主席，中宣部部长刘云山会见新当选的正、副主席。

= 2011年4月，吴元新参加第三届成都国际非物质文化遗产节——江苏省非物质文化展演活动。

= 2011年5月，吴元新应中央美术学院邀请，已连续五年在中央美术学院公共选修课中讲授蓝印花布图案艺术、传授蓝印花布印染技艺，该课程被该校评为精品课程。

= 2011年6月，吴元新在北京人民大会堂被中宣部、中国人力资源保障部、中国文联联合表彰为“第三届全国中青年德艺双馨文艺工作者”。

= 2011年7月，吴元新与女儿吴灵姝等合著的国家“十一五”重点图书《中国传统民间印染技艺》由中国纺织出版社出版，该书被列入国家新闻出版总署出版基金资助项目。

= 2011年7月，吴元新荣获“江苏省中青年德艺双馨文艺工作者”。

= 2011年7月，南通蓝印花布及南通土布展演活动在意大利举行。

= 2012年8月，吴元新应邀参加在内蒙

2011年4月，吴元新在清华大学非物质文化遗产保护与研究课题结题汇报会上

2011年6月，吴元新获“第三届全国中青年德艺双馨文艺工作者”荣誉称号

古举办的“全国文艺之乡工作经验交流会”，并代表中国民协参加“中国苏力德文化之乡抢救保护研讨会”。

= 2012年9月，吴元新应邀参加“中国国际家纺博览会”，并与中国家纺行业协会会长杨兆华等为全国高校获奖大学生颁奖。清华大学、苏州大学、南京艺术学院、鲁迅美院、南通大学等高校的作品参加了此次展示活动。

2012年9月，吴元新向中国家纺行业协会会长杨兆华介绍蓝印花布保护和传承情况

= 2012年10月，吴元新代表中国民协授予安徽歙县“中国徽文化之乡”称号，并考察徽文化及当地传统印染的传承和保护状况。

= 2012年11月，作为全国中青年德艺双馨的代表，吴元新在“江苏省德艺双馨代表事迹报告会”上作演讲，讲述了自己崇德尚艺的艺术人生，并在全省作巡回演讲。

= 2012年12月，吴元新荣获“2012中国乡土文化风采榜年度人物”称号。

2013年1月，中国文化部副部长董伟为南通蓝印花布艺术馆授牌

= 2013年1月，南通蓝印花布艺术馆获首批“国家级非物质文化遗产保护研究基地”，成为首批获得授牌的四家传承单位之一，吴元新在北京参加授牌仪式。

图书在版编目(CIP)数据

生来恋旧：中国工艺美术大师吴元新／杨丽凡著．
—郑州：大象出版社，2013.6
（中华百工）
ISBN 978-7-5347-6542-1

Ⅰ.①生… Ⅱ.①杨… Ⅲ.①吴元新—传记
Ⅳ.①K825.72

中国版本图书馆CIP数据核字(2011)第263903号

中华百工
生来恋旧 中国工艺美术大师吴元新
杨丽凡 著

出 版 人 王刘纯
责任编辑 张前进
责任校对 裴红燕
书籍设计 美 霖

出版发行 大象出版社（郑州市开元路16号，邮编450044）
发行部 0371－63863551 总编室 0371－63863572
网 址 www.daxiang.cn
印 刷 新乡市电科印务有限公司
开 本 787×1092 1/16
印 张 11.5
字 数 153千字
版 次 2013年6月第1版 2013年6月第1次印刷
定 价 42.00元
若发现印、装质量问题，影响阅读，请与承印厂联系调换。
印厂地址 新乡市荣校路195号
邮政编码：453003 电话（0373）3712457 3713559